**감자보건실, 오늘도 영업 중!**

# 감자보건실, 오늘도 영업 중!
감자처럼 삶아낸 강원도 보건교사들의 하루

초 판 1쇄 2025년 07월 28일

**지은이** 김영미, 곽효연, 김소민, 도현미, 우혜인, 이고운, 이슬기, 이주민, 임유나, 조서윤, 한지윤
**펴낸이** 류종렬

**펴낸곳** 미다스북스
**본부장** 임종익
**편집장** 이다경, 김가영
**디자인** 임인영, 윤가희
**책임진행** 안채원, 이예나, 김요섭, 김은진

**등록** 2001년 3월 21일 제2001-000040호
**주소** 서울시 마포구 양화로 133 서교타워 711호
**전화** 02) 322-7802~3
**팩스** 02) 6007-1845
**블로그** http://blog.naver.com/midasbooks
**전자주소** midasbooks@hanmail.net
**페이스북** https://www.facebook.com/midasbooks425
**인스타그램** https://www.instagram.com/midasbooks

© 김영미, 곽효연, 김소민, 도현미, 우혜인, 이고운, 이슬기, 이주민, 임유나, 조서윤, 한지윤, 미다스북스 2025, *Printed in Korea*.

ISBN 979-11-7355-332-5 03810

값 19,500원

※ 파본은 구입하신 서점에서 교환해드립니다.
※ 이 책에 실린 모든 콘텐츠는 미다스북스가 저작권자와의 계약에 따라 발행한 것이므로 인용하시거나 참고하실 경우 반드시 본사의 허락을 받으셔야 합니다.

**미다스북스**는 다음세대에게 필요한 지혜와 교양을 생각합니다.

감자처럼 삶아낸 강원도 보건교사들의 하루

# 감자보건실, 오늘도 영업 중!

김영미 곽효연 김소민 도현미 우혜인 이고운
이슬기 이주민 임유나 조서윤 한지윤

미담스북스

| | | |
|---|---|---|
| **추천사** | | 8 |
| **프롤로그** 감자보건실 영업 정산서 | | 15 |

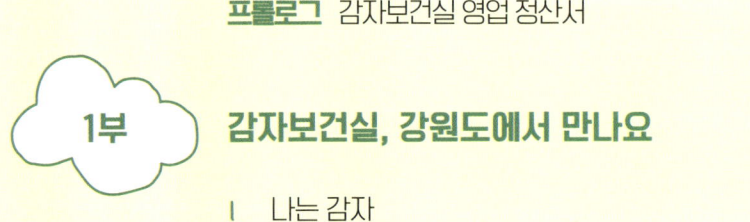

## 감자보건실, 강원도에서 만나요

| | | |
|---|---|---|
| 1 | 나는 감자 | 21 |
| 2 | 철원, 마음 한편에 머무는 곳 | 25 |
| 3 | 우리는 언제나 서로의 힘 | 29 |
| 4 | 고성, 낯설게 스며들다 | 34 |
| 5 | 봄이 오는 시내 | 39 |
| 6 | 양양, 함께 달린다 | 43 |
| 7 | 유난히 따뜻했던 별마로 천문대 | 46 |
| 8 | 정선, 시간 속에 물들다 | 50 |
| 9 | 봄을 맞이하는 보건실 | 54 |
| 10 | 우리는 동해에서부터 함께할 운명이라고 | 58 |
| 11 | 아이들과 함께, 첫 보건실 | 61 |
| **별책 부록 1** 감자보건실의 강원도 추천 여행지 | | 65 |

## 우당탕, 보건실의 하루

| | | |
|---|---|---|
| 1 | 보건실 관찰 카메라 | 73 |
| 2 | 꿈을 따라가는 너 | 79 |
| 3 | 내가 장사를 했으면 대박이 났을 거야 | 83 |
| 4 | 성교육, 아직은 이르지 않을까요? | 85 |
| 5 | 3월의 보건실 | 88 |
| 6 | 얼음 맛집 보건실 | 92 |
| 7 | 나는 폐암 환자를 보았다, 그래서 아이들과 금연을 말한다 | 96 |
| 8 | 반려귤 두 알 | 100 |
| 9 | 쉽지 않은 일, 그럼에도 매일 | 102 |
| 10 | 헌혈 후 '스담' 금지 | 105 |
| 11 | 진심을 담아 보내는 응원 | 109 |
| 12 | 풋살 경기, 보건실을 응급실로 만들다 | 112 |
| 13 | 잠시 쉬어가도 괜찮은 곳 | 115 |
| 별책 부록 2 | 감자보건실 픽, 추천 도서 | 118 |

## 3부 몸과 마음을 돌보는 시간

| | | |
|---|---|---|
| 1 | 퇴근 발걸음을 가볍게 하는 한마디 말 | 125 |
| 2 | 내 이름은 똥 | 129 |
| 3 | 완벽하지 않아도 나의 시간은 계속된다 | 133 |
| 4 | 내가 아픈 건 바이러스 때문만은 아닐 거야 | 137 |
| 5 | 곁을 내어준다는 것은 | 139 |
| 6 | 우리 학교에는 작은 카페가 있다 | 143 |
| 7 | 보건교사의 금지 구역 | 145 |
| 8 | 보건실, 마음을 나누는 공간 | 147 |
| 9 | 흡연자는 연애를 할 수 있을까? | 150 |
| 10 | 새장 안에 갇힌 새 | 153 |
| 11 | 내 손에 가시 | 156 |
| 12 | 보건교사의 일기: 어제의 나, 오늘의 나 | 160 |
| 13 | 내 보건실에는 비타민 처방 기준이 있다 | 165 |

별책 부록 3  일상을 살찌우는 다정한 취미   169

## 4부 감자보건실은 오늘도 다정한 영업 중

| | | |
|---|---|---|
| 1 | 아픔을 듣는 사람, 보건실의 경청지기 | 177 |
| 2 | K-장녀의 선택 | 180 |
| 3 | 희미한 빛이라도 힘이 된다면 | 183 |
| 4 | 별들은 검은 밤하늘 덕분에 더 빛난다 | 187 |
| 5 | 나름 세심함을 발휘 중입니다 | 190 |
| 6 | 다정함은 결코 사소하지 않다 | 192 |
| 7 | 선생님 꿈은 뭐예요? | 196 |
| 8 | 담배라는 단어 말고 이 단어 | 200 |
| 9 | 누군가의 하루를 살리는 따뜻함 | 204 |
| 10 | 나를 찾아가는 10년의 여정 | 207 |
| 11 | 후배 보건교사에게 전하는 25가지 마음 | 211 |

**별책 부록 4** 감자보건실에서 아이들에게 전하는 한마디  216

**감자보건실의 꿀팁 노트**  222

**에필로그** 다시 쓰는 용기  230

## 추천사

2025. 7.

안녕하십니까? 강원특별자치도교육감 신경호입니다.

우선, 강원의 아이들을 든든하게 지켜주고 계시는 모든 보건 선생님들께 고마움과 미안함을 담아 따뜻한 응원과 격려를 보냅니다. 오랜 시간 교실과 복도 사이, 학생들의 몸과 마음을 가장 가까이에서 지켜온 보건 선생님들의 삶과 고민, 그리고 연대를 담은 『감자보건실, 오늘도 영업 중!』 발간을 진심으로 축하합니다.

하루에도 수십 번 문이 열리고 닫히는 보건실. 몸이 아파 잠시 쉬고 싶을 때, 마음이 힘들어 말없이 눈을 피할 때, 아이들은 늘 조용히 보건실의 문을 엽니다. 보건실은 몸의 상처를 돌보는 치료 공간임과 동시에 배움과 회복의 교실이며, 그곳을 지키는 보건 선생님은 의료인이자 교육자, 때로는 인생의 길잡이가 되기도 합니다.

최근 학교 보건의 영역은 점점 넓고 깊어지고 있습니다. 응급 상황에 대한 대처는 물론 감염병 대응, 생애주기별 보건교육까지. '오늘도 영업 중'이라는 문구처럼 늘 그 자리를 지키며 학생들의 일상을 지키며, 누구보다 바쁜 하루를 보내는 보건 선생님들의 노고는 말로 다 표현할 수 없습니다.

이 책은 그 고단한 하루하루를 감자처럼 다정하고 끈기 있게 삶아낸 기록입니다. 뜨거운 껍질 아래 숨어 있는 포슬포슬한 감자 알맹이의 온기처럼, 학교라는 울타리 안에서 학생과 함께 웃고 울며 버텨온 시간들이 담겨 있습니다.

부디 『감자보건실, 오늘도 영업 중!』이 같은 길을 걷는 보건 선생님들에게 연대와 위로가, 교육공동체와 지역사회에는 '보건실'이라는 공간의 소중함을 다시금 일깨우는 계기가 되기를 바랍니다.

보건 선생님 여러분의 헌신에 다시 한번 감사의 말씀을 전하며, 강원교육은 더 나은 학교 보건 환경을 위해 고민하며, 언제나 여러분과 함께하겠습니다. 감사합니다.

강원특별자치도교육감

함께 걸으면 길이 됩니다. 소중한 전통을 이어받은 젊고 유능한 후배들이 선배들과 함께 걸어온 그 길 위에서 미래를 더욱 밝게 만들어가고 있습니다. 『감자보건실, 오늘도 영업 중!』이라는 제목처럼 감자같이 소박하지만 든든하게, 매일 변함없이 제자리에서 아이들을 맞이하는 강원도 보건 선생님들의 따뜻한 일상이 이 글 속에 생생하게 담겨 있습니다. 새로운 역사를 써 내려가는 강원도 보건 선생님들께 깊은 감사와 응원의 마음을 전하며, 많은 분들이 이 책을 통해 우리의 따뜻한 현장을 느끼시길 바랍니다.

**김승옥** 강원특별자치도보건교과연구회 회장

강원도 보건교사들이 함께 엮은 이 책은, 보건실이라는 공간을 통해 아이들의 몸과 마음을 살펴온 따뜻한 시선과 깊은 사유를 담고 있습니다. 단순한 치료를 넘어, 삶을 돌보고 관계를 회복하며 성장의 길을 함께 걸어온 기록이자 교육자로서, 상담자로서, 의료인으로서 보건교사의 역할을 다시금 되새기게 합니다. 이 책이 학교 현장에서 묵묵히 자리를 지켜온 보건교사들에게는 깊은 공감과 위로가, 교육공동체와 사회에는 보건실의 의미를 새롭게 바라보는 계기가 되기를 바랍니다.

**강류교** 전국보건교사회 회장

전국 각지에서 다양한 경험을 하던 사람이 강원도에 한자리에 모였단다. 그것도 하나의 업무란다. 어떤 사람은 1년의 반이 겨울이라, 가혹하다고 생각하며 시작한 강원도가 참 좋단다. 또 어떤 이는 끝없이 이어지던 군부대와 군복을 입은 군인들 보며 어이없어하다가 아침을 깨우는 총성을 알람으로 생각할 만큼 적응이 되었단다. 강원도에서 보건교사를 시작한 사람들의 진솔한 이야기….

처음 시작부터 하루 일과를 보내고 퇴근까지의 이야기를 지나치게 진솔하게 드러냈다. 『감자보건실, 오늘도 영업 중!』그래서 재밌고 유쾌하고, 감동이 있다.

학교 보건실은 어떤 경우에는 병원 응급실을 방불케 한다. 또 어떤 경우에는 응급 처치 이외에도 보이지 않는 상처를 안고 오는 아이들도 많이 있다. 피난처이기도 하다. 그러다 보니 아이들을 진심으로 응원할 수 있는 마음 넉넉한 사람들이 있는 곳이 보건실이다. 그러한 진심을 담아 보내는 응원 편지를 모은 책이『감자보건실, 오늘도 영업 중!』이다.

교사는 끊임없이 고민한다. 신규 때에 했던 고민이 연차가 쌓이면 해소가 될까? 언제쯤이 되면 '쉽지 않은 일'이 '쉬운 일'이 될까? 아마 '쉬운 일'이 되는 것 역시 '쉽지 않을 것'이다. 왜냐하면 교사는 사람과 사람의 관계를 만들어 내는 일이니까. 우리가 만나는 학생들이 언젠가 더 넓은 세상에서도 온전히 자신을 지켜내길 바라는 마음으로, 진심으로 하루하루를 버텨나간다.

우리 보건교사들은 보건실의 처치를 믿어주는 학생, 부모님의 고맙다는 말 한마디에 하루 종일 응급실 같은 전쟁터에서 벗어나는 퇴근길, 그 발걸음이 가벼워지는 사람들이다.

인사하자.

"선생님 감사합니다. 오늘도 고생하셨습니다."

**이상철** 춘천고등학교 교장

그 모든 장면들이 낯설지 않아 책을 읽는 내내 공감하고, 아파하고, 고마운 마음이 들었다.

힘들고 포기하고 싶지만, 내가 제대로 가고 있는 것인지 고민도 되지만 결국은 돌고 돌아서 아이들에게 기꺼이 곁을 내주고, 다정하게 웃어주며, 좋은 보건 선생님이 되겠다고 다짐하는 우리 동료들이 나는 너무도 든든하고 좋다.

**심선미** 홍천창촌초등학교 보건교사

따뜻한 헌혈 이야기 속에서 보건 선생님들의 학생들을 향한 헌신이 전달되는 『감자보건실, 오늘도 영업 중!』. 많은 분들이 이 책을 통해 스승의 사랑을 느끼길 바랍니다.

**박진성** 강원특별자치도혈액원 혈액원장

"나도 모르게 미소가 지어지고, 가만히 눈을 감으면, 햇살이 내려오는 감자 보건실의 책상이 그려진다. 참 따뜻하다."

**조현석** 강원대학교병원 응급의료센터 소아응급의학 기금조교수

학교라는 공간에서 보석 같은 순간들을 건져 올린 강원도 보건교사들의 이야기가 『감자보건실, 오늘도 영업 중!』에 포근히 담겼습니다. 아이들과 함께하며 포착한 일상의 장면들은 작지만 소중한 행복을 다시금 떠올리게 합니다. 보건교사의 따뜻한 시선을 따라가다 보면, 우리 어른들과 사회가 아이들의 건강한 성장을 위해 어떤 역할을 해야 할지 깊이 고민하게 됩니다.

**박문경** 충남대학교 아동간호학교수

따뜻한 감자처럼, 보건실이라는 작은 공간에서 피어난 진심과 연대가 고스란히 담긴 이야기들입니다. 강원도라는 자연 속에서 혼자인 듯 함께 걸어온 선생님들의 시간은 고되고 벅찼지만 결국 단단한 빛으로 남습니다. 이 책은 그 자체로 위로이고, 응원이며, 또 다른 누군가의 시작이 될 것입니다. 모든 보건교사와 교육자에게 전하고 싶은 한편의 이야기입니다.

**김진수** 『초등 집중력을 키우는 동시 쓰기의 힘』 저자, 초등교사

이 책은 '분투(奮鬪)'다. 보건 선생님들이 있는 힘을 다하여 학생의 몸과 마음을 돌보기 위해 애쓰는 모습을 담고 있다. 세상의 아이들이 건강한 어른으로 성장하는 것에 보건 선생님들의 노고가 묻어 있다. 많은 독자들이 이 책을 읽고, 보건교사들의 애 쓰는 마음이 외로움으로 그늘지지 않도록 뜨거운 응원을 보내주면 좋겠다.

**서현숙** 『소년을 읽다』 저자, 양구여자고등학교 교사

**프롤로그**

# 감자보건실 영업 정산서
_김영미

한 연수에서 만났던, 잘 알지 못했던 선생님께 책을 써보자고 제안했다. 그 선생님은 흔쾌히 반기면서 "누구와 하면 좋을까요?" 물으셨다. 나의 대답은 "선생님이 보기에 눈빛이 반짝이는 분이면 돼요."였다. 강원도의 든든한 보건교사로 성장한 후배는 "먼저 손 내밀어주셔서 감사해요."라고 하며 함께 글을 쓰기로 했는데 역시, 그녀가 가진 능력은 꼬리 100개 정도의 능력이라서 오히려 내가 그녀의 꼬랑지 하나 잡을 수 있었음에 감사한 마음이다. 주위에선 새로운 시도라고 했지만 이미 마음속에 간직하고 있던 기다림이었고 그 기다림이 기회를 함께하게 했다. 그렇게, 서로의 반짝이는 눈빛을 알아본 열한 명이 모니터 앞에 원격으로 모였다. 강원도에서 나고 자란 사람도 있었고 다른 지역에서 강원도의 힘에 끌려 정착한 사람도 있었다. 강원도 감자가 되어 간다는 선생님도 있었고 강원도 감자처럼 굴러간다는 선생님도 있었다.

글쓰기 공간이 필요하다는 의견이 나왔고 바로 네이버에 카페를 만들었다. '**삶** 속 **보**물을 **건**져 올리는 **실**감 나는 이야기가 있는 곳'을 뜻하는 '삶 속 보건실'이라고 이름 지었다. 바닷가를 걷다 보면 내 눈에 반짝! 하고 빛나는 작은 돌멩이를 만날 때가 있다. 많은 사람이 지나가 버린 그 넓은 바닷가에 '날 몰라봐?'라고 말하는 것 같은 작은 돌멩이 하나. 나도 무심히 지나쳐 버릴 수도 있었을 작은 돌멩이지만 그 속에 숨겨진 빛을 발견하고 내 손으로 건져 올리는 순간 보물이 된다. 우리가 걸어가는 삶 속에서 보물처럼 손바닥 위에 올려놓아도 좋을 작은 순간들을 기록해 보는 공간이 되길 바라는 마음이었다.

카페 URL 주소[1]에 'gamzab'이라는 단어를 넣었다. 우리 모두 처음 글을 쓰는 사람들이기에 솔직하게 순수하게 나만의 언어로 쓰다 보면 그리고 서로의 글을 읽다 보면 gam을 zab을 수 있을 거라고 믿으며 'gamzab'으로 정했다. 우리 모두 간호사라는, 보건교사라는 gam각적인 zab을 가진 사람들을 뜻하는 말이기도 했다. 강원도 보건교사 최고! 라는 자부심에 강원도 특산품 gamza에 엄지 척을 뜻하는 b을 더하여 'gamzab'으로 읽히기도 했다. 여러 겹의 뜻이 담긴 작은 공간, 그 속에 우리를 내어놓기로 했다.

카페에는 글을 모을 수 있는 탭을 만들었다. 첫 번째는 '세 줄 하루'라는 탭이었는데 하루에 세 줄은 쓰기로 약속한 공간이다. 책을 읽다가 밑줄을

---

1) https://cafe.naver.com/gamzab

그은 문장, 필사한 내용, 짧은 감상이나 내 마음에서 나온 문장을 적어놓으면 좋은 공간이다. 인용한 글에는 감상을 덧붙이기로 했고 내 글은 자유롭게 쓰기로 했다. 서로의 글을 보고, 서로를 이해하는 공간이기도 했다. 두 번째는 '반하다'라는 탭인데 반짝이는 하루는 다 여기에 모아 놓은 곳이었다. 놓치기 아쉬운 사진들, 공감하면 좋을 영상들, 우리 서로 눈빛 아니까, 반해버린 순간들, 책 쓰기에 좋은 글들을 모아 놓는 공간으로 쓰였다.

그렇게 한 글, 두 글이 모였고, 우리의 하루와 생각이 조심스레 기록되고 공유되었다. 우리는 처음이라 서툴렀지만 그래서 오히려 더 진심이었다. 솔직하게, 순수하게 나만의 언어로 적은 이야기들이 모여 하나의 결이 되었다. 이 책은 그 결을 따라 천천히 엮은 기록이다. 아마도 전국의 많은 보건교사가 공감하는 이야기들일 것이다. 간호사라는 길에서 스스로, 보건교사를 한 번 더 선택한 사람들이 느끼는 이야기들이 이 책에 담겨 있다.

아직은 작가라는 호칭이 조금 낯설고 설레지만, 28년 시간을 단 5편에 다 담으려니 아쉽다는 작가, 글을 쓰면서 '공감받는 느낌이 이런 거구나' 하고 느낀다는 작가, 제목을 정할 때는 다급한 마음을 채워주던 동료 보건교사들을 떠올리던 작가, 퇴고에서 큰 힘을 발휘해 주었던 꼼꼼한 작가, 캐릭터 제작과 삽화에 있어서 재능을 흔쾌히 내어주어 우리의 글과 우리의 마음이 더욱 살아나게 만들어 준 작가, 어서 책이 나와서 가족들 앞에 '떡'하니 내어놓고 싶다는 작가, 우리는 그렇게 글을 쓰는 작가가 되었다.

 우리의 책에는 보건교사라면 보건 수업 중 많은 부분을 다루고 있는 흡연 예방 교육과 관련된 에피소드들도 담고 있다. 저마다의 노하우와 아이들에게 전달하고자 하는 마음이 고스란히 담긴 글뿐만 아니라, 우당탕하는 보건실 일상들이 고스란히 담겨 있다.

 책의 제목은 『감자보건실, 오늘도 영업 중!』으로 어렵게 의견이 모아졌다. 감자라는 이미지는 우리 보건교사 자신을 뜻할 수도 있고, 보건실에서 보물처럼 캐낸 아이들, 사람들이 될 수도 있다. 한 줄기 캐면 알알이 올라오는 강원도 감자들의 쫀득하고 포슬포슬한 이야기 속으로 들어와 보시길 바란다. 반짝이는 눈빛만으로 이렇게 멋진 결과물이 나왔으니 감자보건실의 영업수익은 '흑자'라고 할 수 있다. 우리의 글을 보고 '나도 글 쓰고 싶다'는 설렘의 싹이 꿈틀대는 분은 여기 함께한 작가들에게 반짝이는 눈빛으로 먼저 손을 내밀면 된다. 아마도 날감자를 캐고 찌고 굽고 튀기는 다양한 노하우를 적극 알려줄 것이다.

 이것으로 학교 안에서 장사가 가장 잘 되는 '감자보건실의 영업 정산서'를 마친다.

# 감자보건실, 강원도에서 만나요

**1부**

"시원한 바닷바람이 머무는 푸른 산자락에서

강원도 보건교사가 되어 간다."

# 나는 감자
_임유나

**나는 감자**

임유나

나는 강원도 감자다.

촌스럽고 울퉁불퉁 거칠어 보이지만,

잘 요리하면,

포슬포슬, 쫀득쫀득하게 바뀌고,

다양한 식감과 맛으로 다른 재료와도 환상의 짝꿍!

처음엔 공주 밤이었는데,

십 년 차 강원도 감자로 익어가는 중이다.

옥수수와 메밀, 오징어, 닭강정하고도 친하게 지내고 있다.

친구 많고 자연의 경쾌함으로 무럭무럭 자랄 수 있는 강원도가 참 좋다.

나는 강원도의 행복한 감자다.

그렇다. 나는 강원도 감자다. 강원도는 내 고향도 아니고 지인은 단 한 명도 존재하지 않았다. 어느 누구도 나를 모르는 곳에서 새롭게 인생을 살고 싶어서 이곳에 왔다고 말했다. 사람들은 나에게 '범죄를 저질러서 도망 왔냐?'라고 물었다. 나는 말없이 검지를 입술 위로 올렸다. '쉿!' 부모님은 내가 충남에 시험을 쳐서 가까이 살기를 원했다. 그러나 나는, 어느 정도 물리적인 거리가 있어야 오히려 가족 간의 애틋함을 더 느낄 수 있을 것이라고 생각했다. 내가 원하는 대로 됐으나, '어느 정도의 거리'는 멀어도 너무 멀어져 버렸다. 강원도, 내가 있는 곳에서 부모님 집까지 309km, 운전해서 쉬엄쉬엄 가면 5~6시간이 걸린다. 세심하고 다정한 오빠에게 부모님의 안위를 온전히 부탁한 후, 강원도 양양에 정착했다.

아버지의 양양에 대한 첫 기억은 '제설차'다. 과거 충남에 엄청난 폭설로 온 지역이 마비가 된 적이 있단다. 그때, '양양'이라고 적힌 제설차가 눈 쌓인 길을 뻥 뚫어줬다는 것이다. 아마도 이런 자연재해를 겪어보지 못한 충남에서는 제설 장비가 부족했을 것이고, 강원도에서 지원을 나온 것이 아니었을까 추측해 본다. 한마디로 양양에 대한 아버지의 인상은 그린라이트였다. 멀리 떨어져 살아갈 자식을 품을 지역이니 어찌 됐든 긍정적으로 보려고 했던 아버지의 마음이 아니었을까?

"온수 장판부터 보내줄게."

언니는 온수 장판 이야기부터 꺼냈다. 추위를 어지간히 못 견뎌 하는 내가 강원도로 간다니까 걱정되는 모양이다. 강원도라고 다 추운 게 아니라는 사실을 양양에 정착하고 나서야 알았다. 그래도 나에게 겨울은 11월부터 4월까지다. '1년의 반이 겨울이라니…… 가혹하네.' 상대적으로 타지역에 비해 늦게까지 눈이 오는 특징을 가졌는데, 5월에도 눈이 내린다. '눈이 오는 날엔 차를 몰지 않는다.'라는 나만의 원칙이 있어 아이젠과 스패츠를 등산화에 장착하고 1시간 넘는 거리를 걸어서 출근하기도 했다. 제설차 운행이 너무나 잘 되어 있어서 차도는 뻥 뚫린다. 오히려 차도에 쌓였던 눈이 인도로 옮겨진 상황이라 인도를 걷는 것 자체가 고난이다. 그래도 걷기를 포기하지 못한다. 이번 겨울에 구매한 등산화를 인도에서 훨씬 더 많이 신어버렸다.

충남 공주 밤으로 삼십여 년을 살던 내가 결국 강원도 감자로 변신하게 됐다. 그렇게 강원도에서 10년이라는 시간이 지났다. 내 입에서 "~했드래요.", "~했자냐."까지는 나오지 않아도 억양이 강원도 사람 다 됐다. 명절에 가족들과 모여서 대화하다 보면 강원도 말투가 자연스럽게 흘러나와 적잖이 당황스럽지만, 어쩌겠는가! 이제 강원도 감자인 것을. 아무거나 골라 먹어도 맛있고 어딜 봐도 경이로운 사계절을 뽐내는 자연이 있는 곳, 내가 살고 있는 곳, 강원도다. 사는 곳에 따라 사람의 삶이 바뀐다고, 자연을 닮아 마음의 여유도 생기고 인생을 긍정하게 되었다. 매일 달고 살던 두통도 사라졌다. 더불어 두통약도 끊었다. 이것이 강원도의 힘인가 보다. 내가 사는 이곳, 강원도가 나는 참 좋다.

## 철원, 마음 한편에 머무는 곳

_우혜인

흐린 날씨 속, 감성적인 음악을 들으며 걷다가 문득 코끝을 스친 아카시아 향에 발걸음이 멈췄다. 어디선가 바람을 타고 내려온 그 향기, 아마 저 멀리 산꼭대기에서 불어온 것일까. 그 순간, 철원이 떠올랐다. 다섯 해를 머물렀던 철원. 관사 맞은편에도 아카시아가 있었다. 어느 퇴근길, 바람에 실려 온 그 향이 유난히 좋아 손에 든 가방이 무거운 줄도 모르고 한참을 그 자리에 서 있었던 기억이 난다. 귓가를 스치던 바람 소리와 나뭇잎이 춤추듯 흔들리던 풍경. 눈앞에 선명히 남아 있는 그 장면들은 언제든 나를 다시 그 시간 속으로 데려다 놓는다. 지금은 원주에 살고 있지만, 가끔 이렇게 뜻밖의 순간에 철원이 슬며시 곁으로 다가온다.

"수험생 때는 발령지가 어디든 상관없었어. 합격만 하면 됐으니까. 그런데 지금은…… 철원만 아니었으면 좋겠어."

강원도 교원 임용 시험에 합격하고 발령을 기다리던 중, 동료 교사가 툭

던진 말이었다. "왜?" 하고 묻자, 그는 시큰둥하게 말했다.

"산골 마을이잖아. 날개를 펼치면 사람 키만큼 되는 독수리가 날아다닌대. 잠깐, 영상 보여줄게."

영상 속 거대한 독수리 떼를 보고 나도 순간 납득했다. '그렇구나. 철원은 조금 힘들 수도 있겠다.' 하지만 말이 씨가 된다고 했던가. 운명처럼, 내 첫 발령지는 철원이었다.

부모님 차를 타고 철원으로 향하는 길. 끝없이 이어진 군부대와 군복을 입은 군인들을 보며 한동안 말을 잃었다. 남쪽 지방에서 나고 자란 나는 군부대를 가까이서 본 적이 없었다. 아버지는 마치 나를 군대에 보내는 기분이라며 허허 웃으셨다. 그렇게 입대하듯 긴장된 마음으로 낯선 철원에서의 학교생활이 시작되었고, 나는 20대의 절반을 그곳에서 보내며 철원의 매력에 흠뻑 빠져들었다.

아침을 깨우는 건 총성이었다. 관사 건너편 군부대에서 울려 퍼지는 소리에 자연스레 눈을 떴다. 조용한 날이면 오히려 낯설었다. 총성이 없으면 마치 알람을 놓친 것처럼 어딘가 허전했다. 철원의 하루는 그렇게 시작됐고, 그 일상은 군인들과 함께 흘러갔다.

점심시간엔 멀리서 들려오는 군가 소리와 함께 밥을 먹었다. 군부대 근처 풀밭에서 풀을 뜯는 검은 염소 떼를 바라보며 식사하던 때도 있었다.

퇴근 무렵이면 들길을 따라 군인들이 행진했다. 어느 날 친구와 티격태격 하던 중, 그들이 박자를 맞추며 우리 곁을 지나갔다. 순간 어색하면서도 우스운 정적이 흘렀고, 덕분에 우리는 피식 웃으며 화해했다.

봄이 오면 철원의 벚꽃은 남쪽보다 한 박자 늦게 피었다. 다른 지역의 벚꽃이 이미 지고 난 뒤에야 비로소 철원에 봄이 찾아왔고, 덕분에 봄을 조금 더 오래 만끽할 수 있었다. 자연 속을 걷다 보면 스르륵 지나가는 뱀을 마주치기도 하고, 박쥐나 올빼미를 목격한 날도 있었다. 자연이 손에 잡힐 듯 가까운 곳, 그것이 철원의 매력이었다.

교사로서의 철원 생활도 늘 새로움이 가득했다. 신규 교사 연수로 DMZ를 탐방하기도 했고, 소풍 가는 날에는 버스 창밖으로 길게 늘어선 탱크 부대를 보며 학생들과 함께 환호성을 질렀다. 출근길에 군용차 행렬에 막혀 지각해도, "군용차를 만났어요." 그 한마디면 모두 고개를 끄덕였다. 스승의 날에는 백골 부대에 초청을 받아 군부대에서 식사를 하고, 백골 모양 컵에 물을 마셨다. 그마저도 철원다운 경험이었다.

철원에서의 시간은 지나갔지만, 여전히 내 삶의 한 조각으로 남아 있다. 졸졸 흐르는 시냇물 소리, 강을 따라 유유히 날던 백로, 퇴근길에 늘 밟던 돌 징검다리, 가게 처마 밑 제비 둥지, 가을이면 만발하던 코스모스, 치워도 끝없이 쌓이던 눈. 그 풍경들은 내게 작은 안식처였다. 계절이 돌며 새로운 시간을 안겨주듯, 앞으로의 강원도 생활도 또 다른 추억으로 채워질 것이다. 그때처럼, 또 다른 곳에서도 그곳만의 아름다움을 찾아갈 것이다.

# 우리는 언제나 서로의 힘

_이고운

둘째 아이를 만삭으로 품고 있던 때, 인사 발령 철에 속앓이를 꽤 했다.

강원도 내 보건교사는 오백여 명이고 그중 절반 가까이가 중등 보건교사이다. 지금도 믿기지 않지만, 그해 강원도 전체 중등 보건교사 중 지역 만기 대상자가 나 하나뿐이었다. (시, 군 단위 지역의 정해진 근무연수 8~10년을 다 채우고 만기가 되면 무조건 타 시군으로 전출을 가야 한다.) 주말부부에, 유치원 졸업반을 앞둔 첫째와 일곱 살 터울의 둘째 출산을 앞두고 있던 30대 후반의 여성이 일과 가정의 균형을 잡기 위한 기본 조건은 무엇일까? 뭐니 뭐니 해도 직주근접(職住近接)[2]이다. 근거리에 살며 친정어머니의 육아 도움을 받아 일상을 유지하려면 최대한 1시간 이내 거리에서 출퇴근할 수 있는 학교로 전근을 가야 했다. 문제는 내가 다소 안일하게도 '어디든 한 자리 정도는 있겠지.' 하는 생각으로 상반기를 보내버렸다는 점이었다. 가을이 깊어질 무렵, 슬슬 내년에 어디에서 근무하고 출산 휴가를

---

[2] 직장과 주거지가 가까운 곳에 있음

쓸 수 있을지 알아보기 위해 전화를 돌렸다. 세 번째 학교까지 연락을 해본 후에야 큰일 났다는 것을 깨달았다. 인근 소도시 1시간 출퇴근할 수 있는 학교에 내가 전근 갈 수 있는 자리가 없었던 것이다. 해당 선생님들 각자의 사정으로 학교를 옮길 이유가 없었다는 것을 너무 늦게 안 것이 나 개인의 문제였을 뿐, 사실 시스템적인 문제는 아니었다.

상황이 바뀌지 않을 때 인간이 할 수 있는 일은 '적응'뿐이기에 나는 친정어머니와 첫째 아이에게 이사를 해야 할 것 같다고 알렸다. 그런데 당연히 함께 따라와 줄 것이라 여겼던 친정어머니께서 "그건 좀 어렵겠다."라며 난색을 보이셨다. 엎친 데 덮친 격으로 첫째 아이도 울먹이면서 "그럼 박○○하고 이제 못 노는 거예요? 김○○ 선생님도 이제 못 만나는 거고요? 나는 박○○하고 노는 게 너무 좋은데요." 마음이 철렁했다. 나의 결정이 다른 가족 구성원 모두의 일상을 뒤흔들 수 있다는 것을, 그것이 가족이라는 것을 나는 그제야 깨달았다. 태평했던 과거의 나 자신이 원망스러웠고 가족들에게 너무 미안했다. 잠이 오지 않아 서재를 서성이다가, 선배 선생님께서 선물해 주신 『나무처럼 살아간다』를 꺼내 들게 되었다.

배고픈 염소 떼나 나방들이 언제 어디서 갑자기 들이닥칠지 우리는 알 수 없다.

그러니 언제나 대비책을 준비해 두는 편이 좋다.

- 리즈 마빈, 『나무처럼 살아간다』

새벽 4시, 이 책의 야생 자두나무 편을 읽다가 말고 나는 결심했다. 내가 할 수 있는 모든 방법을 동원해 보기로 말이다. 다음 날 아침 출근하자마자 말도 안 되지만 교장 선생님께 찾아가 발령 자리를 알아봐 주실 수 있냐고 부탁드렸다. 출산을 이유로 휴직하더라도 언젠가는 복직해 아이 두 명을 키워야 하기에 대학병원 소아청소년과가 있는 도시에 발령받고 싶었다. 그 후 이틀간, 나는 강원도 내 보건교사 백여 명과 통화를 했다. 얼굴 한 번 본 적 없는 교감 선생님들께도 무작정 전화했다. 나의 개인적인 사정을 말씀드리고, 공석 여부를 묻고, 혹시 자리를 양보해 주실 수 있는지 간절히 여쭈었다. 11월 말 한창 바쁜 시기였다. 모두가 친절한 반응을 해주신 것은 아니었다. 너무 차갑고 날 선 반응에 울음을 삼키기도 했고 얼굴도 모르는 수화기 너머로 전해진 따뜻한 위로에 눈시울이 뜨거워지기도 했다.

그러나 현실은 냉정했다. 모두에게 사정이 있었고, 그들의 결정을 바꾸기에는 상황이 너무 임박했다. 그리고 인사는 당연히 개인적인 문제이기에 교장 선생님께서도 도와주실 수 없었다. 어쩔 수 없다는 생각과 어떻게든 되겠지 싶은 생각으로 서류를 작성했다. 직주근접도 아니고 친정엄마 도움도 받을 수 없지만 확실하게 전근 갈 수 있는 강원도 내 다른 지역으로 내신 서류를 작성해서 교감 선생님에게 가지고 갔다. 교감 선생님은 나의 여러 사정을 알고 계셨기에 용기를 주고 싶으셨던 것인지 포기하지 말고 끝까지 전화를 해보라고 하셨다. 교감 선생님의 응원을 받아(?) 내신 서류를 교육청에 제출하는 마지막 날 새벽, 나는 절박한 마음으로 세 분의 선생님께 다시 한번 연락을 드렸다.

그리고 드디어 오전 9시, 기적처럼 한 통의 전화가 걸려 왔다. 한 선생님께서 남편분과 한 번만 더 상의해 보고 연락을 주시겠다고 했다. 그분 역시 자리를 옮기실 필요가 없는 상황이라는 걸 알기에 그 마음이 더없이 미안하고 감사하게 느껴졌다. 교감 선생님께 상황을 말씀드렸고 교육지원청으로 내신 서류를 가지고 출발하는 것을 조금만 지체해 주십사 부탁을 드렸다. 그날 오전이 어떻게 흘러갔는지도 모를 정도로 초조한 마음으로 이러지도, 저러지도 못하며 보건실을 지키고 있었다. 그리고 몇 시간 후, "선생님 바꿔드릴게요."라는 전화를 받았다. 나는 후다닥 서류를 다시 정리했고, 그것을 들고 교육청으로 출발하시는 교감 선생님 뒷모습을 보며 그제야 안도할 수 있었다. 다시 전화를 걸었다.

"선생님, 너무 감사해요. 쉬운 결정이 아닌데…… 어떻게 그런 결정을…… 정말 고마워요."

"선생님 아이가 울먹였다는 얘기에 마음이 움직였어요. 저도 아이 키우니까요."

같은 워킹 맘으로서, 내 사정을 그 누구보다 깊이 공감해 주었던 그 선생님의 그 마음, 서로의 삶을 응원해 주는 긴 통화가 끝이 났다.

그날의 통화는 내게 세상에서 가장 값진 출산 선물이었다. 누군가가 건네준 다정한 한마디, 선뜻 내준 결심 하나로, 한 가족의 일상이 지켜질 수 있다는 것을 실감할 수 있었던 그날.

우리는 살면서 언제나 크고 작은 문제를 풀고 해결해 가며 일상을 채워간다. 돈이 모든 것을 해결해 줄 수 있을 것 같고, 큰 권력을 가지면 만사형통할 것 같지만(내가 너무 평범한 소시민이어서 그런지는 모르겠다), 적어도 내가 경험해 온 삶과 일상에서는 언제나 여러 가지 문제를 해결해 주는 것은 돈도 권력도 아닌, 작지만 큰 친절과 선한 의도가 바탕이 된 배려, 다정함이었다. 언젠가 나도 내가 받은 다정함을 다시 누군가에게 건넬 것이다.

삶은 그렇게 조용하지만 강하게 함께 견디며 살아지는 것이기 때문이다.

## 고성, 낯설게 스며들다
_도현미

"고성이 어디야?"

보건교사 인사 발령이 났을 때, 내가 처음 내뱉은 말이었다. '고성'이라는 지명은 나에게 너무나도 낯설었다. 검색하니 경상남도 고성이 나온다. '아닌데, 강원도인데?' 강원도 중에서도 동해 최북단. 그 순간, 갑자기 눈물이 났다. 큰 결심을 하고 잘 다니던 병원에 사직서를 낸 뒤 고향으로 내려왔다. 혼자서 꾸역꾸역 버텨온 서울살이. 이제는 언니가 서울에 정착하게 되었는데, 나는 반대로 내려오게 되었다. 서른이 되기 전, 교대 근무가 없는 직장에서 일하고 싶었다. 사람 많은 곳은 나와 맞지 않는 것 같다는 생각에 강원도 지역에 지원했다. 몇몇 친구가 말했다.

"너 그 나이에 강원도 가서 옥수수, 감자 농사짓는 남자 만날 거야?"

"네가 강원도에서 살 수 있을까? 다시 서울로 지원하는 게 낫지 않아?"

걱정 반, 농담 반의 말들이었지만 나는 속으로 '강원도에 있으면 다 옥수수, 감자 농사짓니? 그리고 서울에서도 살았는데 어디든 못 살겠냐?'라며 마음을 다잡았다. 그런데 막상 '최북단'이라는 말을 듣는 순간, 울컥, 걱정이 밀려왔다.

지역교육청 소속이 된 나는 읍내와는 조금 떨어진 관사에 머물게 되었다. 서울에서 업무를 마치고 고성으로 오는데, 전날 폭설이 왔다고 했다. 시외버스 정류장에서 내린 뒤 관사까지 가야 했지만, 막막했다. 버스 노선도 익숙하지 않고, 택시는 보이지 않았다. 결국 걷기로 마음을 먹었다. 그러나 운동화는 이미 젖었고, 양말까지 흠뻑 젖어 발끝이 시려 왔다. 주변을 둘러보니 다들 등산화를 신고 있었다. 근처에 있던 신발 가게에 들어가 장화를 찾았다. 무릎까지 올라오는, 빨간색 코끼리표 장화였다. 종아리까지 쌓인 눈길을 장화로 푹푹 밟으며 나아갔다. 길이 만들어져 있지 않아 다리를 번쩍 들어야만 한 걸음씩 나아갈 수 있었다. 1시간쯤 지났을까. 문득 고개를 들었을 때, 나는 멈춰 서버렸다. 사방이 눈으로 뒤덮인, 말 그대로 '새하얀' 세상이 펼쳐져 있었다. 그 광경에 숨이 멎을 것 같았다. 남쪽에서 자란 나는 눈이라고 해봐야 눈썰매장에서 본 게 전부였기에, 이토록 드넓고 고요한 설경은 처음이었다. 그 장면이 너무나 아름다워 나도 모르게 눈물이 찔끔 났다. 상황이 웃기기도 하고, 어처구니없기도 해서 나 혼자 '풋' 하고 웃음이 났다.

새 학기를 앞두고 강릉에서 연수가 있었다. 폭설로 차를 가져오지 못해 어찌 갈까 고민하고 있었는데, 사무실 주무관님이 같이 가자고 해주셨다. 내가 받은 첫 번째 온정이었다. 연수에서 속초 지역 보건 선생님을 만나 반갑게 인사했다. 다음 날도 강릉에서 연수가 있었고, 선생님은 또 함께 가자고 했다. 친절한 사람들이 많다는 생각에 마음이 따뜻해졌다. 연수가 끝나고 돌아오는 길, 해는 이미 저물어 깜깜했다. 선생님이 조심스럽게 말했다.

"우리 집에 가요."

"네?"

"이 밤에 선생님이 버스를 타고, 고성까지 가도, 관사까지 혼자 들어가긴 위험해요. 우리 집 옥상에 남는 방이 있어요. 화장실도 따로 있고, 우리 딸 옷도 맞을 것 같아요. 갑시다."

낯선 사람의 집에 따라간다는 건 쉽지 않은 결정이었다. 하지만 눈이 가득 쌓인 깜깜한 골목길을 혼자 걷는 상상을 하자, 나도 모르게 "고맙습니다!" 하고는 덥석 따라나섰다. 선생님 집은 '밝음' 그 자체였다. 선생님은 딸의 옷을 가져다주셨다. 가족 모두가 손님의 방문을 특별한 일처럼 여기지 않는 그 자연스러운 모습에 웃음이 났다. 넘쳐나는 친절을 받은 나는 그제야 엄마에게 전화를 걸어 말했다.

"여기, 사람들 정말 좋아. 괜찮은 곳이야."


그렇게 조금씩 적응해 가던 중, 또 하나의 사건이 있었다. 최북단에 있는 초등학교로 수업을 나가게 되었다. 출발 전 장학사님이 당부했다.

"거기 갈 땐 신분증 꼭 챙기세요."

농담인지 진담인지 헷갈렸지만, 신분증을 손에 꼭 쥐고 출발했다. 접경 지역이라 그런지 군인을 여럿 지나치며 괜히 마음이 조여왔다. 다행히 실제로 신분증을 확인하는 일은 없었다. 수업을 마치고 돌아와 짐을 정리하다가 외장 하드가 없다는 걸 깨달았다. 보따리장수처럼 책이며 자료를 상자에 담아 다니던 시절이었다. 부랴부랴 학교에 연락했더니 다행히 거기 있었다. 다음 날도 수업이 있어 꼭 찾아야 했다. 하지만 그날은 비가 쏟아지고 바람도 거셌다. 어쩔 수 없이 다시 차를 몰고 학교로 갔다. 우산은 뒤집히고, 머리는 바람에 헝클어져 이미 소생 불가였지만, 외장 하드를 찾았다는 안도감에 "고맙습니다! 고맙습니다!"를 연거푸 외치며 돌아섰다. 나중에 들은 이야기지만, 그날 나를 괴롭힌 바람의 이름은 바로 '양·간·지·풍'. 이 지역에서 가장 무섭다는 바람이었다.

우리나라 어떤 바다보다 깊은 색을 품은 바다가 있는 곳.
환상적인 호숫길이 있는 곳.
국도를 지나며 설악산과 바다를 양쪽으로 함께 볼 수 있는 곳.
내가 우당탕 보건교사로 살아가기 시작한, 아름다운 강원도 고성이다.
모든 게 서툴고 벅찼던 처음을 지나, 이제 나는 조금씩 단단해지고 있다.
실수해도 괜찮고, 때로는 멈춰 서도 괜찮다.

조금 느리지만, 따뜻하게 나는 오늘도,

이곳에 하루하루 정을 붙이며 살아간다.

# 봄이 오는 시내
_김소민

봄바람에 긴 머리채를 늘어뜨린 버드나무가 초록빛으로 흔들린다. 하얗게 피어오르는 물안개가 신비로움을 자아내고, 축축하게 젖은 검은 흙과 숲의 향기가 싱그럽다. 숲에서 들려오는 새소리에 귀를 기울이며 이끼 낀 바위 위로 하얗게 부서지는 강물을 멍하니 내려다본다. 수면 위를 부드럽게 유영하던 오리가 먹이를 찾아 강물에 머리를 박고 올라오기를 반복한다. 강가에 흐드러지게 핀 노란 개나리가 어여쁘다. 봄 춘(春) 내 천(川). 그 이름부터 봄과 물을 가득 품은 도시, 춘천이다.

춘천의 봄은 남쪽 지방에 꽃이 피고, 제비가 날아들고 나서야 찾아온다. 덕분에 서울과 춘천을 오가는 나는 포근한 봄을 오랫동안 즐길 수 있다. 봄비를 맞은 여의도의 벚꽃이 우수수 떨어지고 여린 새싹이 돋아날 때쯤, 학교 앞 벚나무들은 솜사탕 같은 꽃망울을 터뜨린다. 이 시기엔 매일 하얀 꽃비를 맞을 수 있어 좋다.

학교의 봄은 새로운 시작을 맞이하는 계절이다. 새 학교, 새 학년, 새로운 선생님과 친구들을 맞아 들뜬 분위기 속에서 활기가 꿈틀댄다. 동시에 아주 바쁜 계절이기도 하다. 보건실에 방문한 아픈 학생들을 처치하는 것뿐만 아니라, 한 해 동안 운영할 사업의 주요 계획을 세우고 약품과 물품을 정돈하며, 행사를 진행하고 각종 회의에 참석한다. 이렇게 한 달, 두 달 보내다 보면 설레던 봄 냄새도 더는 감흥이 없다. 쾌쾌한 황사와 미세먼지만큼 밀려오는 업무에 창문도, 마음의 문도 꽁꽁 닫아버렸다. 지겨운 봄. '이 또한 지나가리라.'라는 생각으로 버틸 뿐이다.

"오늘은 전국 하늘이 맑은 가운데, 미세먼지 농도는 '좋음' 수준으로 예상됩니다."

모처럼 미세먼지도 황사도 없는 화창한 날, 차를 몰고 소양강 댐으로 향했다. 음악을 들으며 하얀 꽃잎이 비처럼 날리는 길을 달린다. 차창 사이로 향기로운 풀 내음이 스며들었다. 벚나무 길 끝에 작은 산채 비빔밥집이 보인다. 구수한 솥밥에 향긋한 나물과 채소를 듬뿍 넣은 매콤하고 고소한 비빔밥을 생각하니 배가 요동쳤다. 군침을 꿀떡 삼키며 목적지를 향해 발을 재촉한다. 식당을 지나 2차선 도로 위로 올라가면 구불구불한 산길의 시작이다. 굽어진 길을 따라 신나게 달린다. 빽빽하게 들어선 나무 사이로 햇빛이 들어왔다 사라지길 여러 차례, 눈앞에 거대한 시멘트벽이 나타났다. 푸릇한 생명력이 넘치는 숲속 한가운데 인간이 만든 기이한 절벽을 마주한 순간, 이질감에 소름이 돋는다. '사람들은 이걸 보러 여기까지 온단 말이야?' 의문을 품으며 시멘트벽을 지나 좁고 가파른 길을 올라간다. 양옆으로 우뚝 솟아 있던 나무들이 점점 작아지고, 나무의 꼭대기가 보일 때쯤 정상에 도착했다. 댐 위의 세상은 아래에서 상상하던 것과는 전혀 달랐다.

 짙고 푸른 물이 가득한 소양호는 조용한 바다 같았다. 살랑살랑 불어오는 바람이 수면 위를 흩트려 잔물결을 만들고, 따사로운 햇살에 윤슬이 반짝였다. 불룩한 산봉우리가 호수를 감싸고, 호숫가 옆 작은 선착장에는 출항을 기다리는 배가 출렁이고 있었다. 바위와 자갈로 만든 긴 제방 위를 걷는다. 불어오는 바람을 맞으며 제방 한가운데 멈춰서 해를 마주 보고 선다. 눈 부신 햇살에 내가 살고 있던 세상이 하얗게 지워진다. 손바닥을 눈썹 위에 올려 빛을 조금 가려본다. 이윽고 눈이 밝은 빛에 익숙해지면 저 아래 속해 있을 때는 몰랐던 봄의 고향이 펼쳐진다. 머리 위에는 파란 하늘과 하얀 구름이, 발밑은 밤하늘의 색을 닮은 강물이 숲을 가로질러 도심을 향해 힘차게 굽이치고 있었다. 가슴이 뻐근할 정도로 숨을 깊게 들이마신다. 차갑고 맑은 공기가 온몸을 구석구석 돌며 발끝까지 스며들었다. 그 청량함을 잠시 머금었다가 후- 하고 길게 내쉰다. 날숨에 머리끝까지 가득 차 있던 걱정을 불어 하늘 높이 날려 보낸다.


 한번 해진 마음은 스치는 바람에도 쉽게 찢어지고 구멍이 난다. 삶이 지치고 길이 보이지 않을 때면, 이따금 소양강 댐을 찾아 마음의 얼룩을 지운다. 구불구불한 오르막길을 지나 거대한 시멘트벽 너머 댐 정상에 올라서서, 발아래 놓인 작은 세상을 보며 해진 마음에 새로운 마음을 덧대어 꿰맨다. 깊고 맑은 호수에 마음을 헹구고, 따뜻한 햇볕에 널어 보송보송하게 말린 뒤 풀을 먹여 빳빳하게 만든다. 봄이 전하는 따스한 위로를 받는다. 가슴이 시원하다.

# 양양, 함께 달린다

_김영미

　학교 회식에서 운동에 관한 대화를 나누게 되었다. 학교 보안관님이 오랫동안 마라톤 풀코스를 뛰어오고 계시다는 걸 알게 되었다. 보안관님은 매일, 출근 전 학교 주변 북한강 산책로를 10km씩 뛰고 블로그에 기록으로 남긴다고 하셨다. 보안관님과 이야기를 나누다 보니 몇 년 전 춘천 마라톤에 출전했던 지인이 달리기에 관심을 보이는 나에게 했던 말이 떠올랐다.

　"영미야, 너도 달려봐~ 빤스 사이즈도 달라져."

　학교 출근 전, 인근 도서관 주차장에 차를 세워두고 북한강 산책로를 10분 정도 산책하곤 한다. 내가 처음 산책을 시작한 이유는 가정으로 집중되었던 에너지를 다시 학교로 당겨올 마음에서였다. 보안관님의 마라톤 여정과 매일 훈련일지를 기록한다는 이야기를 들으면서, '나도 달려볼까?' 생각했다. 그렇게 나의 10분 산책은 아침 2km 달리기로 바뀌었다. 아침 시간에 달리면 박하사탕을 먹는 기분이 든다. 아무도 지나가지 않은 아침 산책로에는 거미줄이 있기도 하다. 달리는 사이에 북한강의 물안개가 걷히는 것을 보기도 한다. 플랫슈즈를 신고도 달리고, 샤랄라 쉬폰 원피스를 입고도 달린다. 벚꽃 필 때도, 뜨거운 여름에도, 벚나무가 낙엽을 날릴 때도 아침마다 북한강 뚝방길을 달리는 보건교사.

아침 2km 달리기를 하고 교문을 지나 출근해 들어오면, 학교 보안관님이 수고했다, 잘했다, 대단하다고 응원해 준다. 춘천 마라톤 10km를 뛰려고 준비할 때, 완주하지 못할 것 같다는 두려움으로 보안관님께 말씀드린 적이 있다. "저 완주 못 하면 어떡하죠? 버스 타고 와야 한다고 하던데." 그러자 보안관님은 고개를 저으며 말씀하셨다. "아우 걱정하지 마세요. 차 다니기 시작하면 인도로 뛰면 돼요. 천천히, 마음껏 뛰세요." 내게 학교는 일하러 가는 곳이었다. 하지만 이제는 함께 취미를 나누고 화이팅을 공유하는 곳이 되었다.

마라톤을 뛰어보면 시작할 때는 '완주할 수 있을까?' 하는 의심과 함께 드디어 뛴다는 설렘도 있다. 질주 본능에서 오는 자신감도 있다. 마라토너들과 함께 앞으로 나아가는 황홀감도 있다. 그러나 곧이어 달리기야말로 고독함을 현실로 마주해야 하는 긴 터널이란 것을 알게 된다. 옆 사람과 적당한 거리를 유지하면서 내 길을 가야 한다. 끝까지 가야 한다. 결승점이라는 빛이 보이는 곳으로 터널을 지나가야 한다. '내가 왜 마라톤을 뛰고 있지? 누가 뛰라고 했나? 내가 잘 다니던 병원 그만두고 왜 보건교사를 하고 있지? 누가 하라고 했나?' 스스로 선택해서 꾸역꾸역 가는 길. 뛰다가 길가의 누군가 화이팅이라고 해주면 다시 열정이 솟는 그런 길을, 보건교사의 길을 가고 있다.

책 쓰기를 함께 준비하면서 '으쌰~! 달려보자.'라며 뜻이 맞는 선생님들과 양양 마라톤 대회에 참가하기로 했다. 강원도의 몇몇 마라톤 대회 중에서도 양양 마라톤 대회는 가성비 좋은 대회다. 깔끔한 남대천 코스에 적당한 참가비, 질 좋은 참가 기념 티셔츠, 가마솥에 삶아낸 고구마를 맘껏 먹을 수 있는 혜택까지, 적극 추천한다. 혼자 근무하는 보건실을 벗어나 이들과 함께 달릴 생각에 신이 난다. 함께 뛸 동료들이 생기니 아침 달리기를 해야 하는 목적과 설렘의 싹이 돋아나는 것 같다. 양양에서 이들과 함께 달리면, 줄어들지 않던 빤스 사이즈가 줄어들려나?
양양, 함께 달리러 간다.

# 유난히 따뜻했던 별마로 천문대

_한지윤

　강원도에서 '별' 하면 생각나는 영월, 스물여섯 살이라는 젊은 나이에 남자 중학교로 학교를 옮기게 되었다. 천방지축 남자 중학생들은 친해지고 싶은 마음을 표현하는 것이 미숙한 것인지, 쑥스러운듯하지만 짓궂은 장난으로 다가오곤 했다. "누나라고 불러도 돼요?" 능글능글한 표정과 거들먹거리는 말투로 장난을 걸어오는 아이들에게는 "시끄러워."라며 강한 모습으로 대응했고, 쑥스러움에 발그레한 표정으로 대답조차 제대로 못 하는 사춘기의 아이들에게는 "어떤 것이 불편해? 말해주면 좋겠어."라며 최대한 다정하고 친절해 보이도록 반응했다.

　"선생님, 우리의 여성 객원 보컬이 되어줘."
　어느 날, 친한 음악 선생님께서 내가 평소 노래 부르는 것을 좋아한다는 말을 듣고 밴드부의 여성 보컬을 요청했다. 중학생들과 함께 밴드부를 만들었는데 선생님이 공연할 때 함께 해주면 너무나도 재밌고 인상적일 것 같다며 말이다. '학생들 활동에 내가 껴도 되는 건가?'라는 생각에 쭈뼛거리니, 아이들이 너무 좋아한다며 걱정하지 말라고 용기를 불어넣어 주는데 어찌 거절할 수 있단 말인가……. "한번 해볼게요!" 교회에서 찬양팀만 하던 내가, 언제 학교 학생들과 함께 공연해 볼 수 있겠냐는 생각에 냉큼 해보겠다고 대답해 버렸다.

"별마로 천문대요?"

어디서 공연하게 되는지는 정확하게 몰랐다. 학교 체육관 정도로 생각했었는데……. 음악 선생님께서 말씀해 주신 공연 장소는 생각보다 규모가 컸다. 영월의 관광 명소인 별마로 천문대에 올라가서 하게 된다니……. 뜨악!

평소 근무할 때 자주 올라갔던 별마로 천문대. 낮에는 푸른 산세가 펼쳐져 패러글라이딩하는 사람들로 북적였지만, 밤이 되면 언제 그랬냐는 듯 시끄러웠던 소음은 잠잠해지고 쏟아지는 별빛이 하늘에 가득 차 있었다. 속상한 일이 있을 때면 천문대에 올라가 불빛이 없는 곳에서 밤하늘을 수놓은 별들에 감탄하며 마음을 비워내곤 했다.

지금은 전용 버스로만 운행한다고 하던데 그 시절에는 자차로 올라갈 수 있었다. 정상까지 올라가는 길은 구불구불하고, 가파른 언덕을 오르고 올라야 정상이 펼쳐진다. 코로나19 시기이기도 했고, 학생들이 천문대까지 올라오기는 쉽지 않기에 유튜브 라이브로 공연을 송출하기로 했다. 버스킹에 필요한 물품들을 트렁크에 싣고, 학생들과 선생님들이 함께 별마로 천문대로 나섰다. 의자를 세팅하고 아이들과 리허설도 해보며, 공연 준비를 하고 있는 와중에 "선생님! 저희 올라왔어요!" 하는 소리가 들렸다. 놀란 표정으로 학생들을 쳐다봤다. 겨울철임에도 불구하고 아이들의 머리와 옷은 땀으로 흠뻑 젖어 있었다. "얘들아. 너희 여기 어떻게 올라왔어?"라고 물으니 자전거를 타고 오거나, 심지어 뛰어서 올라왔다고 한다. "어이쿠, 얘들아……." 실소가 터져 나오고, 감기라도 걸리면 어쩌나 걱정이 되었지만, 해맑은 아이들의 함박 얼굴과 기대감의 눈빛을 보자 "이게 바로 청춘이다."라는 말이 절로 나왔다.

공연이 시작되고 학생회장과 부회장이 공연이 시작됨을 알렸다. 중간중간 경품 추첨 행사도 준비하여 라이브로 공연을 송출했다. 유튜브 댓글 창에 'ㅋㅋㅋ'가 도배되기 시작했다. 밴드부 학생들은 공연을 앞두고 설레면서도 긴장한 표정이 역력했다. 아이들의 공연이 끝나고, 드디어 내 차례가 되었다. "자! 이번 순서는 우리 학교의 보건 선생님과 밴드부의 공연이 있겠습니다! 스탠딩 에그의 〈오래된 노래〉!" 멘트와 함께 떨리는 손으로 마이크를 잡았다. 학생들이 연주하는 선율 위로 나의 목소리가 실렸다. 공연이 끝난 후, 천문대 매점에 함께 모여 따뜻한 라면을 '호호' 불면서 '호로록 호로록' 먹었다. 추위에 너무 떨어서 그런가 따뜻한 국물은 얼어있던 몸을 따뜻하게 녹이기에 충분했다. 그때 그 순간에 빨개진 코, 입김, 쑥스러운 학생들에게 장난치는 모습, 행복한 표정, 몇 년이 지난 아직까지도 모두 생생하게 기억난다.

지금 너희는 성인이 되었으려나?

그 해 추운 겨울, 선생님에겐 너무나도 따뜻한 강원도의 기억으로 남아 있단다.

너희의 영월도 따뜻했길.

그해 밤 별빛은 우리가 있던 자리를 밝힐 수는 없었지만

서로의 눈으로 들어와 빛나기에는 충분했습니다.

- 박준, 『운다고 달라지는 일은 아무것도 없겠지만』

## 정선, 시간 속에 물들다

_이슬기

평창 동계 올림픽 개최로 그 어느 때보다 강원도가 들썩이던 시기에 정선에 발령받았다. 강원도가 고향이었지만, 정선군 사북읍은 낯선 지역이었다. 발령이 난 후 가족들과 함께 학교 위치를 확인할 겸 사북으로 향했다. 내가 기대한 정선은 아름다운 산과 강이 어우러진 따뜻한 시골 마을이었는데, 기대와는 전혀 다른 풍경이 펼쳐졌다. 사북읍에 처음 진입했을 때 마주한 것은 끝없이 늘어선 전당포들이었다. 삭막하고 어두운 분위기였고, 마치 다른 세상에 온 듯한 느낌이었다. 알고 보니 이 동네에는 유명한 카지노가 있어 분위기가 사뭇 달랐던 것이다. 그리고 학교 바로 옆으로는 거대한 산이 하나 있었는데, 웅장하고 멋진 느낌이라기보다는 금방이라도 쏟아질 듯한 압도적인 존재감이었다. 관사까지 확인하고 나니 앞으로의 학교생활이 걱정되기 시작했다. 나는 첫 출근을 하기 전부터 고립된 산속 생활을 상상하며 겁에 질려버렸다. 그렇게 나의 강원도 교직 생활이 시작되었고, 최대한 빨리 정선을 떠나겠다는 신규 시절의 다짐과는 달리 4년이라는 시간을 보내게 되었다.

　강원도 시골 마을의 진짜 매력은, 뚜렷한 사계절의 변화를 온몸으로 체감할 수 있다는 점이다. 겨울은 정말 매섭게 추웠고, 눈은 엄청나게 쏟아졌다. 직접 보고도 믿기 어려웠지만, 5월에도 눈이 내렸다. 눈이 내린 날에는 설산을 바라보며 출근했고, 그 풍경에서 자연의 웅장함을 느꼈다. 이 동네 아이들은 흔히 보는 눈이지만, 눈이 오는 날이면 묘하게 들뜬 모습이었다. 주말에는 학교에서 가까운 하이원리조트 스키장에서 겨울 스포츠를 즐긴다. 아이들은 어릴 때부터 스키장을 놀이터처럼 드나들며 즐겨왔다고 한다. 그래서인지 스키와 보드를 수준급으로 타는 아이들이 꽤 많았다. 매년 겨울방학을 앞두고 전교생이 스키캠프에 참여해 강습을 받았다. 지도 교사도 함께 강습을 받게 되는데, 스키를 탈 줄 몰랐던 나는 그곳에서 근무하는 동안 스키를 마스터하게 되었다. 스키장까지 5분 거리인 관사 생활이라니! 정선에서 근무하지 않았다면 몰랐을 겨울의 즐거움이자 낭만을 만끽했다. 눈밭에서 마음껏 뛰어놀며 행복을 느끼는 무해한 아이들을 보며, 내 마음도 정화되는 느낌이었다.

　봄은 다른 지역보다 조금 늦게 온다. 매섭던 겨울이 지나고 나면 언제 그랬냐는 듯 알록달록 꽃들이 산천을 물들인다. 자연의 초록색을 유난히 좋아하는 터라, 봄과 여름에 느낄 수 있는 강원도만의 자연을 즐겼다. 매년 학교 선생님들과 함께 정선 근처의 여러 산을 찾았다. 태백산은 학교에서

30분 거리였는데, 봄에는 체험 학습으로 학생들과 정상에 올랐고 가을에는 단풍을 즐기기 위해 선생님들과 함께 갔다. 계절에 따라 풍경은 선명하게 달랐다. 고원 도시 태백은 봄에도 쌀쌀한 날씨라 등산 중 눈을 본 적도 있었고, 가을의 단풍 물결은 그야말로 절경이었다.

민둥산은 학교에서 가까워 자주 올랐다. 생각보다 가파른 경사가 이어져 산행이 쉽지 않지만, 정상에 오르면 능선을 따라 펼쳐지는 억새밭의 매력에 빠져 가을이면 꼭 민둥산에 올랐다. 정선을 떠난 뒤에도 억새밭이 생각날 때면 한 번씩 민둥산을 찾았다. 계절에 따라 달라지는 산의 풍경은 그만큼 귀하게 느껴졌다. 정선에서는 늘 시원한 여름을 보냈다. 여름철에도 에어컨이 필요 없을 정도로 선선했다. 해가 긴 여름에는 퇴근 후 자연에서 보내는 시간이 많았다. 시원한 바람을 맞으며 산책하는 저녁은 또 다른 매력이 있었다. 가장 자주 찾은 곳은 고한읍에 있는 정암사였다. 정암사 옆으로 흐르는 시냇물 소리와 새들의 지저귐을 들으며, 한적한 숲길을 걷다 보면 마음이 싱그러워졌다. 산책을 마친 뒤에는 정암사 아래에 있는 숲속 카페에 들러 책을 읽고, 일기를 쓰며 많은 시간을 보냈다. 누군가에게는 먼 길을 들여야만 갈 수 있는 관광지를 나는 집 앞 공원처럼 드나들 수 있었다. 그 자체가 호사스러운 특권이었다.

정선에서 잊을 수 없는 여름의 낭만은 함백산 만항재에서 보는 별이었다. 만항재는 해발 1,330m에 자리 잡고 있으며, 차로 진입이 가능하다. 소나무 숲을 따라 산책할 수 있고, 겨울에는 설경을, 여름밤에는 쏟아지는 별과 시원한 바람을 즐길 수 있었다. 아이러니하게도 별을 보기 위해 올라간 날은 날이 흐려 별을 보지 못했는데, 출장 후 관사로 돌아가던 밤, 문득 올려다본 하늘에 별들이 선명하게 빛나고 있었다. '오늘이라면 만항재에서 별을 제대로 볼 수 있겠다.'라는 생각이 들어 함께 지내던 선생님과 두근두근한 마음으로 차를 몰아 만항재로 향했다. 정상에 도착했을 때, 우리 차의 불빛 외에는 완전한 어둠이었고, 올려다본 하늘에는 수많은 별이 쏟아지듯 반짝이고 있었다. 너무나 경이로운 장면에 넋을 잃고 한참 동안 하늘을 바라봤다. 그 밤하늘은 내 인생에서 가장 아름다운 풍경이었다. 막연하게 두려웠던 정선에서의 첫 근무는 사계절 내내 자연과 어우러질 수 있는 선물을 안겨주었다. 속절없이 흐르는 시간은 기억을 희미하게 만들지만, 사진처럼 또렷하게 남은 순간들이 있다. 그 순간들을 떠올려 보면 애쓰며 지나온 날들의 내가 고스란히 남아 있다.

# 봄을 맞이하는 보건실

_곽효연

    설렘과 긴장이 교차하는 마음으로 보건교사로서 첫 출근을 했다. 코로나19로 2년을 보내며 학교 현장도 어느 정도 적응해 가고 있었지만, 개학과 동시에 강원도 내 확진자가 다시 늘기 시작하며 또다시 분주해지는 시기였다. 강원도에서도 큰 규모인 학교에서의 코로나19 상황은 신규 보건교사에게 너무나도 어려웠다. 병원에서만 일하다 학교라는 곳에서 처음 일하는 마흔 살의 신규 보건교사. 병원에서는 완성된 매뉴얼에 따라 일하는 간호사였지만 학교에서는 학교 상황에 맞게 매뉴얼을 만들어야만 하는 보건 분야 관리자였다.

    출근하자마자 코로나19 관련 문의 전화가 걸려 왔다. 출근 전 코로나19 대응에 관한 공부를 했고 그나마 여러 경력이 있어서 답변을 이해하기 쉽게 잘했다고 생각했지만, 질문한 선생님의 반응은 썩 만족스러워 보이지 않았다. 코로나19 확진자가 발생해 배부해야 하는 가정통신문의 문구가 마음에 들지 않는다는 학년 부장님은 전화로 의견을 주셨고, 수정한 문구를 직접 보내오셨다. "전에 있던 학교는 안 그랬는데 이 학교는 왜 이렇게 대응하는 거예요?"라는 반응을 보인 선생님도 있었다.

병원에서 신규 간호사는 프리셉터[3]라는 울타리 안에서 지내며, 신규이기에 넘어갈 수 있는 일들도 있다. 하지만, 학교에서는 신규 보건교사라도 경력자처럼 일을 해야만 했다. 전임자 선생님께 인수인계를 받긴 했지만 무슨 내용이었는지 도무지 기억나지 않았다. 전임자 선생님 역시 새로운 발령지에 적응하며 업무를 해야 했기에 병원의 프리셉터처럼 나에게 계속 알려줄 의무가 없었다. 합격만 하면 꽃길일 줄 알았는데 그야말로 눈물이 앞을 가리는 출근 첫날이었다. 첫날부터 들어가야 했던 수업에서는 내가 지금 무슨 말을 하고 있는지 알 수가 없었다. 퇴근은 늦고 출근은 더 빨랐다. 집에는 아이가 기다리고 있었고 이사도 해야 했기 때문에 학교 업무만 계속할 수도 없었다. 이 바쁜 시기에 코로나19에 확진되어 5일 동안 학교에 출근하지 못했다. 야근해도 시간이 부족한 상황에 코로나19에 걸려 집에서 할 수 있는 업무들은 노트북을 켜고 처리했다. 많은 일들이 처음이라 느리고 힘들긴 했지만 그나마 학생들의 처치가 제일 두렵지 않았다. 외과계 중환자실에서 쌓은 경험이 나를 든든하게 지탱해 주었다.

3월이 어떻게 지나는지도 모르고 이사까지 끝내고 나니 4월이 되었다.

[3] 신규 간호사에게 간호 업무를 지도해 주고 또 병동 생활에 잘 적응할 수 있도록 알려주는 선생님

그제야 학교 교정에 피어있는 예쁜 꽃들이 눈에 들어왔다. 꽃들이 피어있는 학교 교정은 너무나도 아름다웠고 정말 2년 만에 제대로 봄을 느끼는 순간이었다. 교사들의 3월은 새 학기가 시작되는 때이기에 정말 바쁘다. 보건교사들도 3월이 가장 바쁜 시기이다. 각종 계획서와 건강 관련 조사, 연수 및 학생 건강검진 일정 조율 등 처리해야 할 일들이 산더미다. 지금 근무하고 있는 학교는 서른 학급의 학생들과 백 명 정도의 교직원이 있다 보니 보건교사가 관리해야 할 학생과 교직원이 많다. 병원에서는 특정 시기에만 바빴던 기억이 없기 때문에 학교에서 세 번의 봄을 지나고 나서야 "아, 나도 이제 간호사가 아니라 보건교사구나."라는 생각이 들기 시작했다.

이렇게 3년 동안 보건실에서 잘 버틸 수 있었던 것은 신규 보건교사 동기들, 학교의 건강 실무사 선생님, 그리고 강원도의 신규 보건교사 멘토링 제도 덕분이었다. 강원도에는 신규 보건교사가 다양한 업무에 적응하고 학교생활에 자연스럽게 녹아들 수 있도록 경력 있는 보건교사가 멘토가 되어 돕는 멘토링 제도가 있다. 나는 운 좋게도 너무 좋은 멘토 선생님을 만나 수시로 전화나 메신저를 통해 모르는 업무에 대해 질문하고 많은 도움을 받을 수 있었다. 멘토 선생님은 업무적인 부분은 물론이고 학교에 잘 적응할 수 있도록 여러 면에서 꼼꼼히 챙겨주시며 큰 힘이 되어 주셨다. 그렇게 많은 도움을 받다 보니 언젠가 나도 멘토가 된다면 나 역시 후배 선생님에게 그렇게 친절하고 세심하게 알려줘야겠다는 다짐이 들었다.

멘토 선생님의 세심한 도움과 동료들의 따뜻한 응원 덕분에 어느새 학교생활에도 조금씩 익숙해졌다. 올해는 바빠질 3월을 대비해 2월부터 업무 관련 공문들을 검토하고 수업 준비도 차근차근해 나가고 있다. 학기 초에는 보건실 방문 학생이 많고 문의 전화가 끊이지 않기 때문에, 조금이라도 여유가 있을 때 미리 준비해 두는 것이 꼭 필요하다는 사실을 지난 시간들을 통해 배웠다.

이렇게 나는 보건교사로서 네 번째 보건실의 봄을 준비하고 있다.
이번 봄은 조금 더 단단해진 마음으로, 아이들을 맞이하고 싶다.

# 우리는 동해에서부터 함께할 운명이라고

_이주민

보건교사 연수에 갈 때마다 느끼는 감정이 있다. 최신의 의학 정보나 학생들의 처치법을 배우는 것도 물론 좋지만 무엇보다 반가운 것은 동료 보건교사들을 만나는 일이다. 평소에 만나기 어려운 선배와 동기들을 만날 수 있어서 너무 좋다.

보건교사는 한 학교에 한 명이다 보니 모이고 만나기가 어렵다. 하지만 같은 보건교사라는 큰 연결고리와 공통점이 있기에, 아무 말 하지 않아도 눈빛만으로도 동지애 같은 끈끈한 뭔가가 느껴진다. 예전에 선배 보건 선생님이 말씀하셨다. "남편이 같은 교사여도 보건교사의 마음은 모른다. 심지어 남편도 몰라준다." 경험만큼 좋은 공부는 없다. 같은 교사여도 정말 하나도 몰라 준다. 우리만이 느끼는 그 입장과 그 감정을. 이제는 '보건'이라는 단어 하나만 들어도 서로의 마음이 전해지는 것 같다. 말하지 않아도 같은 감정을 공유할 수 있는 우리만의 언어가 '보건'이었다.

동해에서 근무했을 때가 가장 좋았다. 근무 환경은 열악했지만 선후배 보건교사들이 함께하는 단톡방이 있었고, 마치 큰이모 같은 든든한 선배 선생님도 계셨다. 그때는 코로나19에 대한 정보도 부족했고 매일 두려움과 혼란의 연속이었다. '혹시 내가 감염되면 어쩌지? 학생들은 안전할까?' 하는 걱정이 떠나질 않았다. 게다가 신종 감염병이라 명확한 매뉴얼조차 없었기에 담당자로서의 부담감은 이루 말할 수 없었다. 그런 상황에서 발 빠르게 "이것은 이렇게 하는 게 좋을 거 같아요."라고 알려주시는 것이 얼마나 큰 힘이 되었는지. 선배 선생님께 가르침을 받고 싶다는 마음이 들곤 했는데 든든한 선배들의 사랑이라는 영양제를 먹으면서 나도 쑥쑥 커가는 것 같았다. 어른이 될수록 '보살핌을 받는 것'이 더 그립고 간절해진다.

그 시기에 비슷한 또래의 보건교사들이 서로 의지하며 힘이 되어주었고 덕분에 함께 버틸 수 있었다. 일을 하다 보면 이런 문제 상황에는 내가 어떻게 해야 할지, 판단이 안 설 때가 많았다. 갑자기 전화해도 내 일처럼 따뜻하게 받아주고 같이 고민해 주던 내 친구 민경이, 희현 선생님, 지영 선생님. 경력이 짧았던 우리는 어떻게 대처할지 몰라서 눈물을 흘리며 버텨야 했지만 그 덕분에 소중한 인연들을 만날 수 있었다. 보건실에 있었던 흔하지 않은 사례들도 공유하면서 이렇게 다쳤을 때 대처를 어떻게 하는 게 좋을 것 같다는 이야기도 나누었고, 애매한 상황은 서로 어떻게 하고 있는지 공유했다. 비록 떨어져 있어도 같은 공기를 마시는 듯한 함께하는 느낌이었다.

우리들의 관계를 뭐라고 설명해야 할까? '운명공동체.'

한 아이를 키우려면 온 마을이 필요하다는 말처럼 한 명의 보건교사를 성장시키기 위해서는 운명공동체가 필요하다. 선배, 동료, 후배들이 함께 이끌어주고 도와주는 게 필수조건인 것 같다. 선배 선생님의 노하우, 동료의 공감과 위로, 후배들의 새로운 시도가 우리를 하나로 묶어 최강의 팀으로 만들어간다. 우리는 단순한 동료가 아니다. 서로의 고민을 들어주고 성장하도록 이끌어주며 힘든 순간을 함께 버티며 이겨내는 '운명공동체'이다.

# 아이들과 함께, 첫 보건실

_조서윤

'첫 학교'.

떨리는 마음으로 보건실 문을 열었다. 너무 좋아서, 너무 기뻐서 1시간 넘게 의자에 앉지 못한 채 한참을 멍하니 서 있었다. 가슴은 여전히 콩닥콩닥 뛰고 있었고, 아이들도 궁금한지 창문 너머로 발뒤꿈치를 들고, 작은 눈을 깜빡이며 보건실을 힐끔거렸다. 어떤 아이는 문을 열었다가 다시 닫으며 망설이기도 했다. "들어오렴." 손짓하면 "아, 아니에요!" 하고 황급히 도망친다. 아이들이 들어올 때마다 나도 모르게 설레면서도 긴장된다. 그러다 문득 피식 웃음이 새어 나온다. 어쩌면, 나도 저 아이들처럼 보건실이 궁금했던 적이 있었지.

내가 다니던 학교에는 보건실이 없었다. 아플 때면 숙직실에서 쉬어야 했고, 매년 하얀 가운을 입은 분들이 와서 불주사를 놓고 가셨다. 그 불주사가 무서워 집으로 도망치기도 했던 어린 시절의 기억이 떠오른다. 그런 내가 간호사가 되고, 보건교사가 되어 학교로 돌아오다니. '미라클!' 어릴 적 병원에서 하얀 캡을 쓴 예쁜 간호사 언니를 보고 간호사를 꿈꿨다. 고등학교에 올라가면서는 존경하는 은사님을 보며 선생님이 되고 싶다는 생각도 했다. 결국, 두 가지 꿈을 모두 이루기 위해 간호학과에 진학했고, 간호사 국가고시에 합격해 대학병원에 지원했다. 여러 단계의 시험을 거쳐 드디어 '합격!' 그 순간의 기쁨은 아직도 생생하다. '꿈은 이루어진다.' 나는 그 말의 주인공이었다.

대학 병원 신입 간호사 시절, 수습 기간 동안은 캡을 쓰고 근무했다. 하얀 캡을 쓸 때마다 하루하루가 설레고 행복했다. 내 손길을 기다리는 환자 곁으로 다가갈 때마다 가슴이 뛰었다. 그러나 환자가 하얀 시트에 덮여 영안실로 내려가는 모습을 지켜주는 일은 가슴이 미어졌다. 집중치료실에서 고인에게 보호자의 요청으로 혼자 한복을 입혀 드리던 순간에는 식은땀이 흘렀다……. 매일 죽어가는 환자들을 지켜보는 일은 말할 수 없이 고통스러웠다. 호흡기내과는 결핵 병동을 함께 운영하는 경우가 많았는데, 이로 인해 결핵에 감염된 간호사들은 짧은 병가가 주어졌을 뿐이었다.

십 대 남학생이 농약을 마시고 응급으로 위세척을 받은 후 병동으로 올라왔지만 결국 신장 투석에도 불구하고 심장 박동이 서서히 멈추는 것을 지켜봐야 했고, 20대 여자 환자는 과량의 수면제 복용으로 뇌 손상을 입었다. 병동 안은 늘 애틋함과 안타까움이 공존했다. 마냥 편한 마음으로 일할 수는 없었다. 그렇게 몇 년을 보내며 나는 깨달았다. 나는 여전히 사람을 돌보는 일을 사랑하지만, 조금 더 따뜻한 공간에서, 아이들과 함께하는 삶을 살고 싶다는 마음이 커져 갔다. 내가 하고 싶은 일이기도 했다.

그래서 임용고시를 결심했다. 병원 앞 고시원에 방을 구했고, 노량진 학원과 병원 근무, 도서관을 오가며 전공 서적과 교육학을 산처럼 쌓아놓고 공부했다. 병동에서는 드레싱 카트 위에, 주머니 속 메모에 적힌 내용을 외우며 말 그대로 젖 먹던 힘까지 짜내 공부했다. 미치도록, 질리도록 공부했다. 그리고 또다시 찾아온 기적. '합격!' 임용고시 합격 소식을 전화로 들었을 때 '꿈인지, 생시인지' 모를 만큼 벅차고 짜릿한 감동이 밀려왔다. 보건교사가 되었다니! 가족, 친구들, 마치 온 우주가 함께 축하해 주는 듯했다.

학교는 내게 너무나 따뜻하고 좋은 공간이다. 아이들을 바라보면 그저 예쁘고 사랑스럽다. 가끔씩 아이들을 보며 생각한다. '어릴 적 나도 이랬겠구나.' 내가 하지 못했던 체험 학습, 읽지 못했던 책, 만나지 못했던 사람들. 아이들을 통해 그 모든 순간을 새롭게 경험하며 나 자신도 더 성장해 나간다. '너희는 모를 거야, 내가 너희를 얼마나 사랑하는지.'

어느 날, 4학년 남학생이 조심스럽게 보건실 문을 열고 들어왔다. 얼굴이 빨개져 어쩔 줄 몰라 하더니 말한다.

"선생님, 제 눈에서 하트가 튀어나와요!"

"하트가 어디로 튀어나와?"

"선생님 앞으로요."

그 말에 나도 모르게 깔깔깔 웃음이 입 밖으로 터져 나왔다. 한바탕 웃음을 남기고 떠난 아이. 지금쯤이면 40대의 멋진 중년 남자가 되어 있겠지. 지금까지 내 마음을 이렇게 달콤하고 설레게 한 '하트'는 그 아이가 처음이었다.

추운 겨울을 제외하고, 나는 늘 보건실 문을 활짝 열어 둔다. 아이들은 내게 하트를 주고, 나는 그들에게 내 마음을 한껏 내어줄 수 있는 이곳. 보건실은 내게 단순한 공간이 아니다. 28년 동안 아이들과 함께 웃고, 울고, 사랑을 나눈, 세상에서 가장 소중한 보물이 있는 곳이다. 아이들과 함께한 모든 시간은 내게 너무나 소중했고 더할 나위 없는 큰 축복이었다. 이 소중한 시간을 선물해 준 것에 깊이 감사드리며, 함께해 준 모든 선생님께도 진심 어린 고마움을 전한다.

### 별책 부록 1

# 감자보건실의 강원도 추천 여행지

**김영미** — 춘천 하중도 수변 생태공원

춘천 중도에는 카누를 타고 가서 노르딕 워킹을 할 수 있는 숲이 있습니다. 차를 타고 들어갈 때는 음식을 포장해 가서 짙은 그늘에 앉아 호수를 바라보며 소풍을 즐길 수 있습니다. 화려하진 않지만 설렁설렁 가서 한나절 편안히 앉아 있다 올 수 있는 곳. 춘천의 가운데 섬, 중도를 추천합니다.

**곽효연** — 고성 건봉사

처음 발을 들였을 땐 '여기가 절 맞아?' 싶은 고요하고 익숙하지 않은 느낌. 그냥 걷는 것만으로도 마음이 편안해지는, 조용한 쉼이 있는 건봉사입니다. 바쁜 일상과 생각을 잠시 멈추고 싶을 때 추천하고 싶은 힐링지입니다.

### 김소민 — 춘천 소양강 댐

춘천시 신북읍에 있는 국내 최대 다목적 댐으로, 물 문화관 및 청평사까지 가는 유람선을 운영하고 있습니다. 댐까지 가는 길목엔 춘천의 명물인 닭갈비와 막국수, 감자 빵까지 유명한 맛집이 많아 눈과 입이 즐거운 여행을 할 수 있습니다.

### 도현미 — 속초 영랑호

아침에도, 저녁에도 아름답습니다. 2019년 산불로 호수 주변의 나무들이 많이 사라졌지만, 자연은 천천히 그 자리를 다시 채워 넣었습니다. 여전히 고요하고, 여전히 아름답습니다. 해가 질 무렵이면 울산바위를 감싼 노을이 호수에 고스란히 비칩니다. 최근에는 황톳길도 조성되어 맨발로 걸어보는 소소한 재미도 생겼습니다. 영랑호는 걸어서, 또는 자전거로 천천히 둘러보기를 권합니다.

### 우혜인 — 철원 고석정

강원도 철원에 가면 꼭 들러야 할 한탄강 명소, 고석정. 수백만 년 전 화강암과 현무암이 만든 협곡이 절경을 이루고, 임꺽정의 전설이 깃든 정자가 멋을 더합니다. 봄엔 꽃밭 축제가 열리고, 가을에는 코스모스 축제가 열려 형형색색의 꽃길도 함께 즐길 수 있습니다.

### 이고운 — 강릉 사근진 해변

뜨거운 여름엔 강원도의 바다가 정답입니다. 강릉은 너무 뻔한가요? 경포는 너무 핫하고 안목은 주차가 힘드시다고요? 그런 여러분에게 사근진 해수욕장을 소개합니다. 순긋해변과 가까운데 주차가 편하고, 수심이 얕고, 모래가 가늘어 아이와 함께 여름 휴가를 즐기기에 알맞은 곳입니다.

### 이슬기 — 정선 민둥산

가을이면 꼭 가봐야 할 강원도 정선의 명소, 민둥산. 가을이면 정상까지 이어지는 억새밭이 장관을 이룹니다. 이름과 달리 정상까지는 제법 가파른 편이지만, 가을 억새가 절정일 때 꼭 가보길 추천합니다. 억새 축제 기간에는 먹거리 부스도 운영하고 있어 등산도 하고, 정선의 맛도 즐겨볼 수 있습니다.

### 이주민 — 동해 망상 해변

조용한 바닷가를 떠올리면 딱 동해 망상 해변이 떠오릅니다. 부드러운 모래사장과 한적하고 시원한 바다, 그리고 그 광경을 보면서 앉아서 커피 한잔을 할 수 있는 곳입니다. 아이들은 더운 줄도 모르고 모래놀이를 신나게 합니다. 그 모습을 보면서 여유롭게 시원한 커피 한잔을 할 수 있어서 참 좋아하는 곳입니다.

> 임유나  고성 신선대

산에서 파도 소리를 들어본 적이 있나요? 고성에 있는 신선대는 그런 곳입니다. 바람이 나무를 잡아 흔드는 소리가 마치 파도 소리와 같습니다. 한 번은 친구의 모자가 바람에 날려 제물로 바쳐졌는데, 덕분에 무사히 하산한 기억이 있습니다. 사람들에겐 인스타그램용 포토 스팟으로 유명한 곳입니다. 금강산 일만이천봉이 되려다 이곳에 주저앉은 울산바위의 웅장함을 온몸으로 느끼며, 바람에 흔들려 심장이 쫄깃해지는 기분을 느끼고 싶다면 이곳으로 오세요.

> 조서윤  참소리 에디슨 손성목 영화 박물관

경포호에 자리한 참소리 에디슨 손성목 영화 박물관은 강릉 여행에서 빼놓을 수 없는 명소입니다. 1997년, 조용한 주택가에 문을 연 참소리 박물관은 제가 <Time To Say Goodbye>를 처음 들었던 곳이기도 합니다. 그 감동을 잊지 못해, 해마다 다시 찾게 된 추억의 장소이기도 하지요. 잠시 모든 것을 내려놓고, 편안한 소파에 몸을 기대어 눈을 감아보세요. 강릉 경포의 파도 소리를 배경 삼아, 마치 <시네마 천국> 속 한 장면처럼 아름다운 선율과 함께 에디슨의 발명품, 그리고 영화의 시간을 만나게 될 것입니다. 그리고 박물관 관람을 마친 후엔, 근처 초당 순두부를 곁들이며 오감을 가득 채워보는 것도 잊지 마세요. 진심을 다해 추천하는, 강릉의 특별한 하루입니다.

> 한지윤  강릉 옥계면 금진해변

서핑하면 흔히 양양을 떠올립니다. 양양은 젊음의 에너지가 넘실대는 곳이라 초보자인 제가 물미역처럼 허우적거리기엔 때론 창피함을 무릅쓰는 용기가 필요합니다. 그래서 선택한 강릉 옥계면에 있는 금진해변! 북적이는 양양과 달리 이곳의 바다는 한적하고 고요한 덕분에 초보자에게 딱! 입니다. 물이 얕아 넘어져도 괜찮고 한참을 일어나지 못해도 마음이 편한 이곳, 온전히 서핑을 즐기고 오기에 안성맞춤입니다. 발이 닿는 비교적 안전한 수심은 다시 파도를 올라탈 수 있는 용기를 줍니다. "나는 서핑의 고수!"가 아니라면 다른 사람들의 시선에서 벗어날 수 있는 바다, 금진해변을 권합니다.

# 우당탕, 보건실의 하루

**2부**

"문이 열리면 정적이 깨지고,
웃음과 한숨이 교차하는 하루가 시작된다."

# 보건실 관찰 카메라

_조서윤

'띡, 띡, 띡, 띡'

보건실 문을 열고 스위치를 켠다. 어둑하고 으스스한 공간이 '딱' 소리와 함께 반짝반짝 빛을 내어 내 공간을 환하게 밝혀준다. 책상 밑으로 몸을 굽혀 전원을 켜고, 의자를 뒤로 젖힌다. 오늘도 우리 아이들을 맞이할 책상을 닦고, 미처 비우지 못한 휴지통을 비우고, 바닥을 쓸며 하루를 준비한다. 텅 빈 핸드백을 서랍장 넣고 잠그고 나니 이음톡, 업무포탈 창이 "어서 오세요." 하듯 반긴다. 서랍 속 교무 수첩을 책상 위에 꺼내 오늘 할 일을 체크해 본다. 처리할 일이 많은 하루, 나도 모르게 한숨이 절로 뱉어진다.

'똑똑' 나지막한 노크 소리. 반쯤 열린 문틈 사이로 얼굴을 쏙 내밀며, "선생님, 해요?" 하고 눈을 살며시 치켜뜬다. "어서 와. 당연하지." 절뚝거리며 보건실 안으로 들어오는데, 뛰어오다 다친 건지 무릎이 땅에 긁혀 피가 뚝뚝 떨어지고 있었다. "어쩌다 이렇게 됐어, 아이고, 많이 아팠지?" 아이 손을 잡고 낮은 세면대로 데리고 가서 상처를 씻긴다. 아플까 조심스레 흙을 털고, 흘러내린 피를 닦는다. 상처 주변은 물로 씻어내고, 티슈로 물기를 닦아낸다. 소독제를 꺼내려는 순간, 아이가 조심스레 말을 건넨다. "선생님, 안 아프게 해주세요." 하면서 무릎을 살짝 뒤로 뺀다. "그래, 안 아프게 호호 불면서 해줄게." 말하니, 아이는 안심한 듯 눈을 감는다. 아이의 무릎 위로 소독약이 스르르, 그 위에는 연고와 드레싱 밴드를 부착했다. "잘 참았어, 아주 용감하네." 어깨를 토닥였다.

"앞으로 다치지 않도록 조심하자."

"네."

고개를 끄덕이더니 뒤도 안 돌아보고 뛰어간다.


등교 시간이 가까워지면, 보건실은 밀물처럼 아이들로 가득하다. 보건실은 응급실이자 다이소, 편의점, 세탁소, 상담실, 잡화점이다. "배 아파요.", "머리 아파요." "마스크 주세요.", "똥 마려운데 휴지 주세요.", "컵 주세요.", "배고파요.", "손톱 깎기 주세요.", "인공눈물 주세요.", "반짇고리 있나요?", "아세톤 있나요?", "친구가 없어요.", "학교 오기 싫어요.", "늦잠 잤어요. 지금 교실 들어가면 혼나요.", "단추가 떨어졌어요.", "코피 나요.",

"렌즈가 빠졌어요.", "테이프 주세요." 오전 시간 운동장에서, 학교 계단에서 친구들과 장난치다가 여기저기 째지고, 긁히고, 넘어지고, 발목 꺾이고, 다친 아이들 치료만 했을 뿐인데, 숨이 턱 막힌다.

"선생님, 선생님." 헐레벌떡 뛰어오는 게 심상치 않다. "친구가 못 움직여요!" 친구들과 축구하다가 발목이 옆으로 꺾여 움직이지 못한단다. 구급 가방을 들고 운동장으로 달려가 보니, 아이의 발목이 퉁퉁 부어 있었다. 휠체어를 가져오도록 하고 부드러운 알루미늄 스프린트로 발목을 고정, 탄력붕대를 감으며 응급 치료를 끝낸 다음 담임 선생님께 학생 상황을 설명한 뒤 학부모님께 전화를 드렸다. "학교 보건실입니다. 아이가 운동장에서 놀다가 발목이 다쳐서요." 아이가 다쳤다는 말에 놀란 목소리, 떨리는 음성이 귓가로 전달되어 들어왔다. 어머니의 마음은 얼마나 더 놀라셨을까, 교감 선생님께 보고한 뒤 학생을 내 차에 태워 정형외과로 데리고 갔다. 하지만 오랫동안 보건실을 비울 수 없어, 병원에 학부모님이 도착하시자마자 바로 학교로 되돌아왔다. 숨 돌릴 틈이 없다. 컴퓨터 앞에 앉아 업무포털 접속을 하고, 이음톡을 확인한다. 컴퓨터 모니터 시계에 시선이 꽂혔다. 아직 2시간도 안 지났다. 오전 11시. 벌써 하루치 체력을 다 써버린 느낌이다.

그때 다시 보건실 문이 '쾅!' 열리고 다급한 목소리로 "선생님! 선생님!" 부르는 소리가 들려온다. 담임 선생님이 한 남학생을 부축해 보건실로 들어온다. 친구들과 계단 난간을 타고 미끄러져 내려오다가, 계단 좁은 틈으로 몸이 밀려 들어갔다고 했다. 아이는 배를 움켜쥐며 "배 아파요……." 하고 울음을 터뜨렸다. 담임선생님이 어떻게 다쳤는지 자세하게 설명해 주시는 동안 아이는 아프다며 울고, 숨 쉬는 것도 힘들어했다. 응급 상황임을 직감하고, 우선 호흡 상태와 활력 징후를 확인했다. 늑골 골절이 의심되어 곧바로 119에 연락했다. 119구급차 안에서 아이를 다독이며 손을 꼭 잡아 주었다. 아이가 다치면 나도 똑같이 다친다. 심장이 칼로 에이듯 아파온다. 아이도 소리 내어 울고, 내 심장도 같이 따라 운다. 어머니께 응급실로 바로 오시도록 했다. 검사가 진행되는 동안 교감 선생님께 전화로 상황을 설명해 드렸다. 아이는 늑골 골절과 폐 손상으로 입원과 동시에 급하게 수술해야 하는 큰 사고였다. 학교로 되돌아가는 내내 아이의 울음소리가 귓가에 맴돌았다.

아침도 못 먹고 쏟아부은 에너지. 배고픔이 밀려온다. 점심시간에는 보건실을 비울 수 없어, 4교시에 보건실 문 행선지 판에 '식사 중' 표시를 붙이고 식생활 관으로 향한다. 밥맛인지 물맛인지도 모르고, 우적우적 입에 욱여 넣던 중이었다. 아직 반도 먹지 못했는데 한 아이가 다급하게 뛰어온다.

"선생님! 코피요!" 숟가락을 놓고 다시 뛰어간다. 보건실 문 앞에서 휴지로 코를 막고 있는 아이가 보인다. 코피가 뚝뚝 바닥으로 떨어지자 학생이 겁을 먹고 울먹인다. 아이를 다독이며 지혈을 위해 콧등을 눌렀다. 10여분쯤 지나 코피가 멈췄고, 얼굴 주변에 묻은 피를 조심스레 닦아주었다. 아이를 교실로 보내고 나서야 다시 식생활 관으로 향했다. 숟가락을 들었지만, 차갑게 식어버린 밥과 국은 좀처럼 목으로 넘어가지 않았다. 남은 식판은 잔반통에 털어놓고 식생활 관을 벗어나 다시 보건실 의자에 앉았다. 점심시간을 알리는 종소리와 함께 급식을 안 먹겠다는 학생, 침대에 쉬고 싶다는 학생, 조퇴하고 싶다는 학생, 각자 사연을 들고 보건실을 찾는 시간이다. 아파도 수업 시간을 피하려는 학생들이 많아 점심시간은 보건실이 가장 붐빈다. 오늘까지 제출해야 할 공문을 작성하던 중, 업무포털 접속이 끊겼다.

  다시 재접속하고, 이음톡 메시지를 확인한 뒤 답장을 보냈다. 그제야 공문을 마저 처리할 수 있었다. 시계를 쳐다보자니, 빨리빨리 내 마음이 서두르기 시작한다. 다급한 마음, 긴장 풀릴 시간도 없는 보건실 시계를 본다. 오후 2시. 오후가 되어도 긴장이 풀릴 시간도 없는 보건실이다. 훌쩍훌쩍 울며 들어온 아이는 얼굴과 목이 이곳저곳 긁혀 있었다. 손톱에 할퀸 듯한 상처였고, 친구와 화장실에서 다퉜다고 말했다. 아이가 다쳐오면 내 마음에도 상처가 난다. '얼마나 아플까? 얼마나 속상할까?' 담임 선생님, 교감 선생님, 학부모께 연락한 다음 상처를 소독하고, 메디폼 부착하고 아이를 교실로 보낸 후에 시계를 본다. 퇴근 시간이 다가온다. 하지만 아직 해야 할 일이 산더미다. 학교에서 보건교사는 대부분 혼자 근무하기 때문에 각종 보건 행사를 혼자 준비해야 한다. 시장 조사, 물품 검색, 업체 연락, 품의서 작성까지. 그저 필요한 일들을 했을 뿐인데 어느새 하루가 훌쩍 지나가 버렸다. 결국 오늘 해야 할 일을 끝내지 못해 야근해야 될 것 같다.

잠시 하던 일을 멈추고 보건실 창밖을 바라보며 생각에 잠겨본다. 계절마다 내게 인사하는 봄꽃, 여름엔 텁텁한 향기를 거쳐 스산한 가을 안개가, 새하얀 겨울 눈송이들 계절마다 인사 건네는 자연처럼 우리 아이들도 나에게 인사를 건넨다. 미소 담긴 예쁜 모습, 환한 얼굴, 활짝 웃는 얼굴, 목소리, 숨소리. 아이들이 얼마나 내게 귀한 존재인지, 그 존재만으로도 내가 여기 있는 이유이기도 하다. 내가 너희들에게 무언가를 해줄 수 있어서 행복하다. 보건실은 아이들에게 숨겨진 보물 창고 같은 곳이 되었으면 좋겠다. 아이들 덕분에, 나는 지금, 이 순간을 살아간다. 그래서 행복하다. 그냥 좋다!

오늘도 숨 가쁜 하루가 저문다. 깜깜한 짙은 밤공기와 함께 한기가 느껴진다. 책상 위 어지럽힌 종이 문서들을 서랍장 안에 넣고 열쇠로 잠갔다. 드레싱 카트와 침대를 정리하고, 소독 티슈로 닦은 뒤 휴지통 정리하고, 바닥을 쓸고 닦았다. 종일 잠겨있던 서랍장 문을 열고 텅 빈 핸드백을 들고, '띠링' 보건실 문을 닫았다. 컴컴한 복도를 지나 교문을 나서니, 깜깜한 검은빛으로 둘러싸인 공간 저 위로 반짝이는 별이 반짝인다. 아직 반쯤 눈 뜬 달님도 어서 집에 가서 쉬라고 손짓해 준다. 오늘도 수고했어요!

## 꿈을 따라가는 너

_도현미

2학기 말이 다가오면 6학년 교실에는 전학생들이 부쩍 늘어난다. 올해도 어김없이, 열 명 가까운 아이들이 전학을 왔다. 대부분이 축구부 아이들이다. 지역마다 차이는 있지만, 운동부가 있는 중학교로 진학하려면 해당 학교가 위치한 지역의 초등학교에 다녀야 하는 경우가 있다. 그래서 아이들은 집을 떠나, 미리 중학교 합숙소에 들어가 선배들과 함께 생활하며 적응하는 시간을 갖는다. 이후에 중학교로 진학하게 되는 것이다.

어린 나이에 가족과 떨어져 지내야 한다는 것이 대견하면서도 마음 한켠이 짠하다. 그래서 축구부 아이들이 보건실에 찾아오면 이것저것 물어보게 된다. 잘 지내는지, 밥은 챙겨 먹는지, 잠은 잘 자는지 등등. 오늘은 드림이가 찾아왔다.

"선생님~ 배 아파요. 사실은 배고파요."
"아침 안 먹었어?"

"컵밥 먹었어요."

"컵밥? 편의점에서 사 먹는 거야?"

"합숙소에 컵밥 많아요. 그런데 하나 먹으면 적고, 두 개 먹으면 많아서 하나만 먹었어요. 그래서 배고파요."

숨겨둔 비장의 무기 '텐텐'을 꺼내 주었다.

"그럼, 저녁은 어떻게 먹어?"

"근처 식당에서 배달해서 먹어요."

며칠 전 수업 시간, 가방 속에서 과자를 꺼내 몰래 입에 넣던 모습이 떠올랐다. 그땐 조용히 주의만 줬는데, 이제야 이유를 알 것 같다. 신기하게도 밖에서 먹는 밥은 집밥만큼 속이 든든해지지 않는다. 그래서일까. 아이들은 젤리나 사탕을 주머니에 넣어 다니며 수시로 꺼내 먹는다. 드림이는 밥만이 아니라 생활 전반을 스스로 챙긴다. 어느 날 축구부 아이들끼리 빨래 이야기하는 걸 듣고 물어봤다.

"빨래는 어떻게 해?"

"세탁기 돌려서 제가 직접 해요."

초등학생이 직접 빨래를 한다니, 정말 가능한 일일까? 아무리 세탁기와 건조기가 있다지만 쉽지 않아 보인다. 그래도 아이들은 다른 친구들과 세탁물이 섞이지 않도록 양말에 이름을 써 두고, 세탁이 끝나면 건조기를 돌린 뒤, 자기 자리에 가지런히 정리해 둔다고 한다. 며칠 뒤, 드림이가 몸살 기운이 있어 병원에 가야 했다. 부모님은 먼 지역에 계셔서 올 수 있는 상황이 아니었다. 아빠와 통화를 하더니 말한다.

"택시 타고 가면 돼요. 많이 가봤어요."

드림이 아버지께도 전화를 드렸다.

"괜찮아요. 선생님. 혼자 다녀올 수 있어요."

밥을 챙기고, 빨래를 하고, 아플 때 병원 가는 일까지. 생각해 보면, 이 아이들은 많은 것을 스스로 해내야 했다. 문득 물어보았다.

"부모님과 떨어져서 혼자 지내는 거, 힘들지 않아?"

드림이는 담담한 목소리로 말했다.

"괜찮아요. 어차피 엄마, 아빠 바빠서요."

아빠도 운동을 하셨기에 처음에는 축구를 반대하셨다고 했다. 하지만 드림이는 새벽마다 10층 계단을 열 번씩 오르내리며 아빠를 설득했고, 결국 승낙을 받았다.

"그렇게 축구가 좋아?"

드림이는 씨익 웃으며 고개를 끄덕인다. 정말 행복한 표정이다.

"나중에 유명해져서 모른 척하면 안 된다."

"학교에 꼭 다시 올게요!"

아이의 얼굴에 기쁨이 번진다. 자신이 좋아하는 걸 이야기할 때 아이들은 눈빛이 반짝인다. 이제 겨우 열세 살. 그 어린 나이에 스스로의 길을 찾아가는 모습이 멋지다. 그러면서도 자꾸 줄어드는 체중이 마음에 걸려, 간식을 챙겨주며 잔소리한다.

"잘 먹어야 힘이 나지!"

* 학생의 이름은 가명으로 표기했습니다.

## 3

# 내가 장사를 했으면 대박이 났을 거야

_임유나

"선생님, 이거 봐요. 윗입술이 이렇게 됐어요."
"아이고야~ 많이 텄네. 이거 발라라."
입술이 터서 빨갛게 부어오른 2학년 학생에게 연고가 올려진 면봉을 건넨다. 그러면서 한 마디 덧붙인다.
"챱챱챱챱, 맘맘맘마 해~"
설명이 필요 없다. 면봉 위 연고를 입술에 챱챱챱챱 바르고 위아래 입술을 붙였다 떼면서 맘맘맘마 한다. 맥락 없이 들으면 뭔 소리인가 이해하지 못할 보건실 언어다.

이번엔 5학년 학생이 보건실로 들어온다.
"……."
눈만 끔뻑끔뻑하며 나를 바라본다. 내가 입술을 떼려는 순간,
"네, 맞아요, 선생님. 저 지금 영어 시간에 온 거예요."

입 밖으로 소리를 내지도 않았는데 내 속을 읽고 답한다. 이제는 서로의 눈빛만으로도 대화를 나눌 수 있을 것만 같다. 텔레파시라는 초능력과 보건실 언어의 이해는 학생의 보건실 방문 빈도수에 비례해서 상승한다.

애들아, 이제 초능력은 그마안~! 아마도 내가 장사를 했으면 대박이 났을 거야.

## 성교육, 아직은 이르지 않을까?

_우혜인

점심시간이 지나고 나른함이 감도는 어느 가을날 오후, 보건실 전화벨이 울렸다.

따르릉. 달칵.

"네, 보건실입니다."

"안녕하세요, 5학년 학부모인데요. 이번 주 성교육 강의 내용이 궁금해서요."

나는 말을 고르며 조심스럽게 답했다.

"이번 교육은 '경계 존중'과 '유해 매체물 예방'에 관한 내용입니다. '경계 존중'은 자신과 타인의 신체적·정서적 경계를 인식하고, 그것을 존중하는 태도를 배우는 과정이에요. '유해 매체물 예방'은 디지털 매체 속 왜곡된 성 정보를 분별하고 대처하는 방법을 배우는 수업입니다."

잠시 머뭇거리던 학부모님이 천천히 말을 꺼냈다.

"그런데 우리 아이는 아직 어려서 성에 대해 잘 모르거든요. 괜히 너무 일찍 알게 되면 필요 이상의 호기심만 커질까 걱정돼요. 꼭 들어야 할까요?"

학부모님의 걱정을 충분히 공감한다. 성은 여전히 조심스러운 주제이고, 부모 입장에서는 부담스러울 수 있다. 나는 잠시 생각을 가다듬은 뒤 대답했다.

"그런 걱정하실 수 있어요. 하지만 요즘 아이들은 의도하지 않아도 인터넷과 SNS를 통해 왜곡된 성 정보를 접할 가능성이 높습니다. 무엇보다 아이가 잘못된 정보에 휘둘리지 않고 스스로 판단할 수 있는 힘을 미리 길러두는 것이 중요하다고 생각해요."

긴 통화 끝에, 학부모님은 아이가 아직 어리다는 이유로 이번에는 참여를 미루기로 결정했다. 이처럼 성교육에 대한 조심스러운 시선과 우려는 여전하다.

물론 가정마다 교육 방식과 문화적 배경이 다르고, 아이들의 성에 대한 이해 속도와 관심도도 다양하다. 그래서 일부 부모님들은 '모두가 같은 수업을 들어야 할까?' 하고 고민하기도 한다.

성교육에 정답은 없지만, 아이들이 성을 건강하게 이해하도록 돕는 기본 원칙은 변하지 않는다. 학교는 다양한 가정 환경 속에서도 아이들이 꼭 알아야 할 토대를 마련하고자 한다. 가정에서도 아이에게 맞는 속도와 방식으로 함께 이어가면 된다.

우리가 진심으로 바라는 것은, 아이들이 성을 자연스럽고 건강하게 받아들이며 숨기거나 두려워하지 않고 자라는 것이다. 가정과 학교가 같은 방향을 바라보며, 아이들이 그 길을 건강하게 걸어갈 수 있도록 함께 손을 잡아주었으면 좋겠다.

# 3월의 보건실

_이주민

3월은 학교 적응 기간이다. 첫 주는 나도 아직 개학이 적응이 안 된다. 정신없이 보내다 보면 금세 지나가고 둘째 주부터는 1학년 아이들과 밀당이 시작된다. "배가 아프다고 우는 아이가 있어요." 1학년 교실에서 전화가 왔다. 교실에 가보니 한 여자아이가 책상에 엎드려 울고 있었다. 아이의 손을 잡고 보건실로 데려왔다.

"예림아, 배가 많이 아파?"

"네."

"그럼 따뜻한 찜질팩 배에 대어줄게. 저기 침대에서 조금만 쉬다가 가자."

전자레인지에 찜질팩을 데우는 동안 물었다.

"예림아, 왜 울었어?"

예림이는 울먹이며 대답했다.

"엄마 보고 싶어서요."

"엄마가 보고 싶었구나. 왜 엄마가 보고 싶었을까?"

"연필을 안 가져왔어요."

"예림아, 학교에서 제일 많은 게 뭔지 알아? 연필이야. 그러니까 걱정 안 해도 돼. 담임선생님께 말하면 연필 하나 주실 거야. 내일부터 연필 잘 챙겨오면 되니까 걱정하지 마."

예림이를 침대에 눕히고 담임 선생님께 메시지를 보냈다. 보건실에서 조금 쉬게 한 후 교실로 돌려보내겠다고. 조용히 예림이의 자는 모습을 보는데 연필 한 자루로 이렇게 걱정하는 걸 보니 정말 아기 같아 귀엽다는 생각이 들었다. 30분쯤 지나 돌아보니 예림이도 깨어 있었다.

"예림아, 이제 좀 괜찮아?"

"네."

"텐텐 좋아해?"

"네."

"텐텐 네 개 줄게. 우선 두 개만 먹고 힘내서 교실로 가자."

텐텐 두 개를 먹은 예림이를 교실까지 데려다주니 예림이가 물었다.

"우리 밥 언제 먹어요?"

"밥?"

"배고파요."

"예림아, 아침 뭐 먹었어?"

"엄마가 시리얼 줘서 먹었어요."

"시리얼 먹고 왔으면 배 안 고플 텐데? 예림아, 텐텐 먹었으니까 조금만 힘내고 급식 맛있게 먹자."

예림이를 달래 교실에 보내고 돌아왔다. 1학년 교실이 본관이 아닌 별관에 있어서, 3월에는 아픈 1학년 아이들을 보건실로 데리러 가고 데려다주는 것이 좋겠다고 1학년 선생님들과 협의했다. 보건교사 2인 배치학교라 가능한 일이기도 하다. 아이가 교실로 돌아가지 않았던 일이 몇 번 있었기에 서로 아이를 찾느라 고생하지 않도록 정한 규칙이었다.

그날 오후, 희정이가 배가 아프다며 보건실에 왔다. 찜질팩을 들고 교실로 가는 길에 병설 유치원 앞을 지나가게 되었다.

"선생님, 병설 유치원 애들은 좋겠어요."
"왜?"
"공부 안 하고 계속 놀잖아요."
"희정이는 학교에서 공부하는 게 힘들어?"
"아니요. 공부는 안 힘들어요. 근데 유치원생은 공부 안 하고 계속 놀잖아요."

입학한 지 1~2주밖에 지나지 않았지만, 벌써 커 보이는 희정이가 기특했다.

"희정아, 교실 가서 조금만 더 힘내고. 잘 가!"

3월은 적응기.

1학년 아이들이 공부보다도 학교라는 새로운 환경에 익숙해지느라 온 힘을 다하는 시기이다. 낯설고 어색한 공간에서 크고 작은 걱정들로 마음이 흔들리기도 한다. 그런 아이들에게 보건실은 잠시 멈춰 숨을 고르고 위로받을 수 있는 따뜻한 공간이 되어준다.

*학생의 이름은 가명으로 표기했습니다.*

# 얼음 맛집 보건실
_이고운

　자수성가한 CEO가 평범한 사장님들을 코치해 주고 해당 음식점이 드라마틱하게 대박이 나는 플롯의 TV 프로그램이 몇 년째 꾸준히 인기를 끌고 있다.

　프로그램을 몇 번 보면서 깨달은 점이 있다면, 진짜 성공한 맛집의 비결은 대놓고 "여기 맛있어요! 맛집이에요."라고 생색내고 홍보하는 데 열과 성을 다하지 않았다는 것. 손님들이 알아차리지 못했을 뿐, 지독하게 맛을 연구하고 손님이 원하는 것을 캐치해서 디테일하게 제공했다는 점이었다. 그런 면에서 10년 차 보건교사로서 내가 운영하는 보건실은 어떠한가? 과연 성공한 '맛집 보건실'일까? 보건실 손님들인 학생들이 원하는 것과 학교가 지향해야 하는 보건실, 그 접점을 찾는 것은 참 쉽지 않다.

　등교 전부터 아이들은 줄을 서서 보건 선생님의 출근을 기다린다. 쉬는 시간과 수업 시간의 경계 없이 5분 간격으로 드나드는 방문객들은 기본이다. 보건 선생님은 화장실 갈 틈도 없이, 수업을 마치고 뛰어 내려와 아이들 처치를 하다가 다시 교실로 향한다. 보건실은 터줏대감 두세 그룹쯤 형성되어 있어 사시사철 아이들로 붐비고, 일주일에 서너 번은 119차량이 학교 정문을 들락날락해야 "이 정도면 대박 난 맛집 보건실이지!" 싶은 걸까?

새 학교에 부임하고 의아했던 점은 아이들이 보건실을 찾는 주된 이유 중 하나가 '얼음'이라는 점이었다. 복도 정수기에는 위생과 안전 관리의 문제로 얼음 기능이 없고, 교무실은 눈치가 보이니, 전교생의 팔 할은 얼음을 받기 위해 보건실에 들르는 것처럼 느껴졌다. 처음엔 아이들이 원하니까 좋은 게 좋은 거지 싶었는데…….

모든 일에는 양면성이 있었다. '얼음 헌터'들은 자꾸 흔적을 남겼다. 바닥을 샅샅이 살피며 떨어진 얼음 알갱이들을 주워도 가끔 한두 개쯤 놓치는 날도 있었다. 그럴 때면 그날은 '보건실 대청소의 날'이 된다. 치료를 받기 위해 보건실을 방문한 학생들이 녹은 얼음물 위를 밟고 돌아다니기 시작하면, 보건실 바닥은 금세 먼지와 흙이 뒤섞인 신발 자국들로 알록달록 화사하게 물들어 버리곤 했기 때문이다. 그렇게 보건실 문이 스르르 열리고(가끔은 인사도 건네준다, 가끔) "선생님 얼음 좀요." 혹은 말도 없이 무심하게 얼음을 챙겨나가는 아이들을 마주하게 되는 장면이 한두 달간 반복됐다. 그동안 나는 수업 준비 중이거나, 업무를 하고 있거나 누군가에게 치료를 해주고 있기도 했고, 때론 눈에 띄지 않게 힘들어하는 아이 곁에 있기도 했다. 아이들의 시선에서 조용히 눈을 마주치며 이야기하고 있는 그런 순간에도 예고 없이 등장하는 얼음 헌터들 덕분에 집중은 흐트러지고, 예민한 학생의 마음은 더 뾰족해지며 치료 동선이 꼬이는 일들도 생겨났다.

그러던 어느 날, 보건실 정수기가 고장이 났다. 얼음이 사라지자 어느 순간부터 얼음 헌터들도 자취를 감췄다. 말없이 무심하게 얼음을 챙겨나가는 헌터들 뒤에서 '도대체 이건 뭐지?' 하는 기분을 느낄 필요도, 뭐라고 말해야 하나 싶은 고민도 더는 할 필요가 없게 되었다.

'대박 난 맛집 보건실'이란 과연 어떤 곳일까?

보건교사는 학교에서 단 한 명뿐인 의료인이다. 그리고 보건실은 요양이 필요한 학생들에게 잠깐의 쉼을 합법적으로 제공해 줄 수 있는 교내 유일무이한 공간 중 하나이다.

아이들 곁에 가장 가까운 전문가로서 꼭 필요한 순간 제자리에서, 제 역할을 해내는 것,

쉼이 꼭 필요한 학생들에게 쉼을 제공할 수 있는 공간으로서 순기능을 해낼 수 있는 곳,

그게 진짜 '성공한 대박 난 맛집 보건실'의 기본 조건이 아닐까?

편안하고 따뜻하면서도 안정감이 든든하게 자리 잡은 공간. 그런 보건실이야말로 진짜 맛집이다. 그렇게 운영하기 위해서 모든 학생에게 따뜻하면서도 일관된 규칙을 적용하여 신뢰감을 형성하고, 만나는 순간순간에 최선

을 다하기 위해 부족하지만 부단히 노력하고 있다.

오늘도 나의 보건실은 조용히 문을 열었다.

얼음 헌터들이 아닌 진짜 보건실 손님들을 기다리며.

p.s 그리고 우리네 학교의 수많은 얼죽아(얼어 죽어도 아이스 아메리카노) 학생들을 대변해 소리 높여 이야기해 본다.

"전국의 급식소에 급수대가 아닌 얼음정수기를 설치해라, 설치해라!"

# 나는 폐암 환자를 보았다,
# 그래서 아이들과 금연을 말한다

_조서윤

90년대 학교에서는 담배 연기가 굴뚝 연기처럼 익숙하고 흔한 광경이었다. 그러나 개그맨 이주일의 폐암 공익광고가 큰 사회적 반향을 일으키면서 변화가 시작되었다. TV 화면과 영화관에서 흡연 장면이 하나둘 사라졌고, 공원·아파트·버스·지하철·학교가 차례로 금연 구역으로 지정되었다. 현재는 학교 경계선으로부터 30m까지도 금연 구역으로 지정되어 있다.

내가 근무했던 호흡기내과 병동에는 폐암, 폐기종, 만성 폐쇄성 폐 질환, 결핵, 천식 등 다양한 폐 질환을 앓는 환자들이 입원해 있었다. 일부는 항암 치료를 위해 단기 입원을 하기도 했다. 하지만, 많은 환자들이 어린 시절의 호기심, 군대나 직장에서 시작한 흡연 습관으로 인해 결국 폐암이라는 비극적인 결말을 맞이했다. 영안실로 그들을 보내는 순간의 참담함은 이루 말할 수 없이 고통스러웠다. 만약 그 환자가 내 가족이라면 어떨까? 나는 직접 그 슬픔을 겪었다. 사랑하는 아버지는 20대에 10년 동안 담배를 피운 후, 40년 넘게 금연을 지켰지만 결국 폐암으로 세상을 떠나셨다. 아버지가 겪은 고통을 가까이 지켜보는 것은 말로 다 표현할 수 없는 세상에서 가장 큰 슬픔이었다. 그래서 나는 학교에서 흡연 예방 교육을 누구보다 특별한 마음으로 준비한다. 우리 아이들이 담배로 인해 고통받는 일이 절대 없기를 바란다. 그 누구도 폐암의 고통을 겪게 하고 싶지 않다.

보건 수업 시간, 아이들에게 담배 속 유해 성분을 직접 보여주기 위해 나는 투명한 비커에 담뱃잎을 넣고 물을 부었다. 시간이 지나자, 물이 점점 시커멓게 변하는 모습을 본 아이들은 놀란 눈으로 비커를 바라보았다. "담뱃잎에는 수천 가지의 화학 물질이 녹아 있단다. 그 수는 무려 4,000가지가 넘고, 그중에는 암을 유발하는 물질도 아주 많아." 아이들은 '꼴깍' 침을 삼키며 진지한 눈빛으로 귀를 기울였다. 나는 다시 한번 강조했다. "담배는 단순히 폐암만이 아니라 우리 몸 전체에 암을 유발할 수 있는 아주 위험한 존재야."

특히, 5월 31일 '세계 금연의 날'은 우리 학교에서 '금연 축제'로 이어진다. 등교 시간, 아이들은 정문 옆 벽에 부착된 '금연·금주 구역' 표지판과 흡연·음주 예방 공모전 수상작 현수막을 보며 학교 정문으로 들어온다. 학교 본관 앞에서는 '흡연하지 않기, 금연하기' 캠페인이 펼쳐진다. 학생들은 교실과 화단 곳곳에 숨겨진 모형 담배꽁초를 찾는 이벤트에 참여하며, 흡연 폐해를 체험하고 선물도 받는다. 중앙 현관 입구에 전시된 흡연, 음주,

마약 폐해를 눈으로 보고 체험할 수 있는 교구를 지나면서 눈으로 보고, 만져본다.

2층 계단 벽면에 담임선생님들의 사진과 함께 붙여진 '흡연 예방 담임샘 톡톡톡' 강력한 현수막 메시지가 걸려있어, 교실로 들어가기 전 아이들의 인식에 한 번 더 경각심을 심어준다. 점심시간 무렵, 운동장에는 세계 금연의 날 홍보 슬로건을 단 푸드트럭이 등장한다. 따사로운 5월의 햇살 아래, 학생들은 시원한 음료를 마시며 보건소와 함께하는 건강 체험 부스 활동에 참여한다. 점심 이후 활동은 교실을 벗어나 청소년 회관으로 이동해 '흡연 예방 레이저 드로잉쇼' 공연을 관람한다. 2시간 동안 이어진 공연은 단순한 관람을 넘어, 아이들의 마음속에 담배의 위험성을 깊이 새기는 기회가 된다. 공연 중간마다 '평생 흡연하지 않기' 금연 서약을 하며, 스스로와의 약속을 다짐한다. 공연 후 학교로 돌아온 학생들은 모형 담배꽁초 두 번째 이벤트에 참여한다. 모형 담배꽁초를 찾으면 과자 한 박스를 받을 수 있다는 소식에 아이들은 보건실로 달려와 "보물 찾았어요."라며, 과자 한 박스를 받기 위해 보건실로 모형 담배꽁초를 쥔 손을 자랑스럽게 흔든다. 무심코 버린 담배꽁초가 범죄가 될 수 있다는 사실도 함께 인식하길 바란다. 새벽부터 하루종일 바쁘게 움직인 탓에 녹초가 된 몸을 잠시 의자에 기대던 그때, 한 남학생이 보건실 문을 열고 들어왔다. "선생님, 저 담배 끊고 싶어요. 어떻게 해야 담배를 끊을 수 있죠? 도와주세요." 순간, 언제 피곤했냐는 듯 내 안에 힘이 번쩍 솟았다. "와, 대단한 결심이야! 선생님이 꼭 도와

줄게. 넌 분명 금연에 성공할 수 있어." 금연 프로그램을 위해 보건소에 협조를 요청하고, 금연 상담 약속을 정한 뒤 학생은 피식 웃으며 보건실을 나섰다. 잠시 후, 교직원 단체 채팅방에 메시지가 올라왔다. '오늘 보건 선생님이 준비한 금연 예방 프로그램을 보며 많은 걸 느꼈습니다. 간헐적 흡연자였던 저와 ○○○선생님은 새로운 6월 1일부터 함께 금연하기로 결심했습니다. 혹시라도 흡연하는 모습이 적발되면, 목격한 교직원에게 즉시 1만 원을 지급하기로 했습니다. 오늘 행사를 통해 학생과 교직원 모두가 금연에 함께하길 바랍니다.' 이 메시지는 하루종일 고생한 나에게 가장 값진 선물이었다. 나는 곧바로 보건소에 전화를 걸었다. "금연 이동 클리닉 신청합니다. 우리 학교로 와 주세요." 그렇게 시작된 6개월간의 금연 이동 클리닉. 그 프로그램에 참여한 두 분의 선생님은 결국 금연에 성공했다. 나는 확신한다. 우리가 해내지 못할 일은 없다.

우리는 누군가의 삶을 바꿀 수 있는 위대한 영향력을 지닌 보건교사이니까.

## 반려귤 두 알

_임유나

　책상에 군것질거리를 올려놓는 버릇이 있다. 노량진 다람쥐 시절의 버릇이 안 고쳐진 탓이다. 뭐 하나 확신할 수 없었던 임용 수험생은 독서실 책상에 차곡차곡 쌓아놓은 형형색색의 과자를 보며 텅 빈 마음을 채우곤 했다. 잘 먹지도 않으면서 보는 것만으로도 풍요로워지는 기분을 즐겼다. 아이들은 방금 점심을 먹고 왔음에도 배고프다며 보건실에 들어오자마자 먹을 것을 찾는다. 그러고는 책상을 보더니 나의 소중한 간식을 탐낸다. 오늘 아침에 동료가 준 귤 두 알이다.

"선생님, 귤 먹어도 돼요?"
"안 돼! 선생님 반려귤이야."

　결국 먹지도 않고 두었다가 쭈그렁 말랭이가 될 귤이지만 아이들에게 뺏길 순 없다! 반려귤이라는 말도 안 되는 변명을 단호하게 하고 나서 그림으로 결정타를 날렸다. 콕 찌르면 눈물이 뚝 떨어질 것 같은 눈망울을 귤껍질에 그려 넣어 생명으로 탄생시켰다. 그래도 이해 못 할까 봐 '날 먹는다고? 그르지 마라~.'라고 친절하게 말풍선도 달아줬다. 나름 거절의 기술을 몸소 보여주며 타인의 물리적 경계를 침범하지 못하게 교육하고 있는 것이라고 할 수 있겠다.

# 쉽지 않은 일, 그럼에도 매일

_김소민

'똑똑'

노크 소리에 고개를 드니 보건실 작은 창문 사이로 한 선생님의 얼굴이 보인다. 들어오셔도 된다는 눈짓을 보내니 미닫이문은 열렸지만 좀처럼 들어오지 못한다. 선생님 뒤에는 그 반 아이 한 명이 바닥에 주저앉아 있었다. 작은 몸 어디서 그런 힘이 나오는 건지 온 힘을 다해 보건실 문턱을 넘지 않으려 버티고 있었다. 잠깐의 실랑이 끝에 보건실로 들어왔지만, 나를 보고는 담임 선생님 등 뒤에 쏙 숨어버린다. 상처를 보여주는 일도 어렵다. 아이는 선생님의 손을 뿌리치고 넓은 보건실을 술래잡기하듯 뛰어다녔다. 선생님은 지친 얼굴로 "거기 가면 안 돼!" 하고 다시 내 앞에 데려와 앉혔다. 아이는 엉덩이를 뒤로 쭉 빼고 얼굴은 선생님의 허리춤에 숨긴 채 엉엉 울며 손가락을 보여주었다. 손거스러미를 뜯어서 피가 나고 있었다. 손가락을 꽉 잡아 지혈하고 빠르게 소독한 뒤 연고를 발랐다. 간단한 처치 중에도 아이는 발을 쿵쿵 구르고 소리를 지르며 힘들어했다. 어르고 달래며 밴드를 붙이는 순간, 보건실 바닥에 물이 비쳤다. '어디서 물이 새는 건가?' 생각했지만 곧 학생이 앉아 있던 의자 밑으로 물이 떨어지고 있음을 알아차릴 수 있었다.

"선생님, 학생 소변보는 것 같은데요."

옆에 있던 담임 선생님에게 알렸고, 처치가 끝난 아이는 소변에 젖어 축축해진 바지와 신발을 신고 보건실 안을 뛰어다니기 시작했다. 선생님은 난처한 표정으로 미안하다고 말하며 바닥의 소변을 닦았다.

"괜찮아요, 제가 정리할게요."

아이가 교실로 돌아가고 나서 보건실 바닥과 주변 기구를 닦고 소독하며 '아, 쉽지 않다.'라는 생각이 들었다.

보건실에 와서 처치를 잘 받는 학생도 많지만 그렇지 않은 경우가 있다. 바닥에 눕거나 처치 중 내 손목을 잡고 비틀어 버리거나, 정강이를 걷어차고 손톱으로 할퀴고 머리를 때리기도 한다. 보건교사도 사람인지라 순간 화가 나지만 학생과 싸울 수는 없는 일이다. "선생님 때리지 마."라는 한 마디로 주의를 주고 잘 피해서 처치하는 수밖에 없다.

이곳 아이들은 보건실을 병원쯤으로 여긴다. 병원은 무서운 의사 선생님과 아픈 주사가 있는 곳. 비록 학교에는 의사 선생님도 주사도 없지만, 빛과 소음, 신체 접촉과 같은 일상적인 자극에도 예민하고 과다하게 반응할 수밖에 없는 아이들이기에 보건실은 아주 무서운 곳이다. 그래서 보건실에 들어오려고조차 하지 않아 교실로 약을 보내거나 구급함을 들고 직접 찾아가기도 한다. 병원도, 보건실도 무서워하는 아이들이지만 끊임없이 스스로 상처를 낸다. 어렵게 붙인 밴드는 금방 떼어버리고 손톱으로 후벼 파는 탓에 작은 상처도 나으려면 몇 주씩이나 걸린다. 우리 학교에는 그런 아이들이 많다.

"아프지 않아? 왜 자꾸 뽑는 거야?"

새끼손톱이 자랄 때마다 손톱을 뽑아 보건실에 드레싱을 받으러 온 학생이었다. 나의 물음에 아이는 대답 대신 멋쩍게 웃어 보였다. 아이는 소독할 때마다 펄쩍 뛰며 "선생님 아파요!"라고 했다. 발달장애인의 자해, 타인에 대한 공격, 파괴적 행동 등을 도전 행동이라고 한다. 의사소통의 어려움, 감각 처리의 문제, 스트레스나 불안 같은 심리적인 문제, 환경적 요인들이 원인으로 꼽힌다. 나의 '왜?'라는 물음에 학생이 대답하지 못한 이유는 아마 자신도 어찌할 수 없는 일이기 때문일 것이다.

학생도, 교사도 '쉽지 않은 일'을 매일 하고 있다. 언제쯤 '쉽지 않은 일'이 '쉬운 일'이 될까? 아마 '쉬운 일'이 되는 것 역시 '쉽지 않을 것' 같다. 오늘도 아이들의 손에 밴드를 칭칭 감으며 "밴드 떼지 마세요, 상처는 손으로 만지지 마. 선생님이랑 약속해." 같은 당부를 한다. 얼마 지나지 않아 밴드를 떼고 상처를 후벼 파고 다시 보건실 문을 두드리겠지만, 매일 쉽지 않은 일 앞에서 외로운 싸움을 하는 아이들에게 항상 응원하고 있다고 말하고 싶다.

# 헌혈 후 '스담' 금지

_김영미

  고등학교는 3월이면 헌혈 협조 요청 공문이 도착한다. 적십자사 직원이 찾아와 올해도 잘 부탁드린다고 하며 일정을 잡는다. 사실 나는 헌혈에 대한 개인적인 기억 때문에 망설여졌었다.

  대전에 있는 대학을 졸업하고 한체대로 운동 처방사 교육을 받으러 가던 중, 대전역에서 'O형 피가 급하다.'라는 방송을 들었다. 고등학교 때 RCY 단장을 하며 헌혈 홍보 활동을 했던 적이 있었다. 헌혈 후 얼굴이 하얗게 질린 남학생을 보고 나서 정작 헌혈을 홍보하던 고등학생 때의 나는, 헌혈을 할 수 없었다. 하지만 언젠가 한 번은 해야겠다고 마음먹었던 터라 이제 간호사인데 의료인으로서 한번 해보자 하는 마음이 생겼다.

  기차 출발 시간까지 시간이 넉넉하기에 헌혈 버스에 올라탔다. 먹지 않은 아침도 먹었다고 거짓말하고 쌩쌩한 척했다. 그리고 헌혈 후 곧바로 기차에 올랐다. 기차가 출발하고 얼마 후 식은땀이 나고 구역질이 올라왔다. 서울로 가는 중간역인 천안역에서 내려 자판기 음료수를 마시고 플라스틱 의자에 기대 누웠다. 시간이 지나면서 정신이 들었다. 그 이후, 혈액원 선생님께 거짓말하고 헌혈했던 경험이 나에게는 헌혈에 대한 거부감으로 남았다. 그런 경험이 있기에 보건교사로서 헌혈 행사를 진행하는 것이 달갑지만은 않았다. 한번은 대체로 순조롭게 헌혈을 마쳐 안도하고 있었는데, 한 학생이 창백한 얼굴로, 보건실로 업혀 왔다.

"헌혈한 ○○이지?"

"네."

"너, 아침 먹었어? 혹시 안 먹고 헌혈한 거 아니야?"

그런데 의외의 대답이 돌아왔다.

"아니요, 아침 먹었어요. 그런데, 선생님······. 죄송해요."

"어? 왜 죄송?"

"저······ 헌혈하고 스담했어요."

스담? 학생들의 은어로 '스피드 담배'였다. 학생은 헌혈 후 바로 담배를 빠르게 피우고 교실로 들어가다가 교실 입구에서 쓰러진 것이었다. 그때부터 헌혈 행사 때는 학생들에게 꼭 두 가지를 강조한다. '아침밥을 꼭 먹을 것. 헌혈 후 절대 흡연하지 말 것.' 그리고 나의 경험과 학생의 사례를 들려준다. 흡연 예방 교육 시에도 니코틴이 말초혈관을 수축시키고, 일산화탄소가 저산소증을 가져올 수 있는 상황의 예로 설명한다.

그 후 6년 동안 중학교에서 근무하면서 헌혈 협조 요청 공문을 받지 않았다. 왜냐하면 헌혈은 만 16세 이후부터 가능하므로 고등학교에만 해당한다. 고등학교 근무를 시작한 3월이 되자 또다시 헌혈 공문이 도착했다. 그런데 학생들의 반응이 새삼스러웠다. 학생들은 헌혈을 좋아했다. 수업을 빠질 수 있어서가 아니라 봉사 시간을 받을 수 있고 자기 피가 필요한 사람을 도울 수 있다는 뿌듯함 때문이었다. 보건실은 단순히 몸이 아플 때 오는 곳이 아니라 건강한 나눔을 배우고 실천하는 곳이기도 하다. 예전에는 헌혈 행사가 부담스러웠지만 올해는 나도 해보기로 결심했다. 학생들에게 강조한 헌혈 수칙을 그대로 지켰다. 충분히 자고 아침밥도 먹고 출근했다. 사전 검사를 통과하고 헌혈 버스에 누웠을 때 버스 천장에 적힌 문구가 눈에 들어왔다.

- 헌혈 후 1시간 이내 흡연 금지 -

혈액원 간호사님은 헌혈 후 1시간 이내 흡연 시 현기증이나 구토를 유발할 수 있고 현기증으로 넘어지면서 2차 손상이 일어날 수 있기 때문에, 한 시간 동안은 담배를 피우지 말라고 꼭 주의를 요한다고 말씀하셨다. 다시 해본 헌혈. 그 후, 나는 2~3개월마다 꾸준히 헌혈하고 있다. 혈액 검사도 받을 수 있고, 봉사 시간을 기록하는 것도 재미다. 무엇보다 영화표를 받을 수 있어서 한 번은 딸과, 또 한 번은 아들과 영화관 데이트를 한다. 어쩌면

'스담' 했던 학생도 지금쯤 헌혈 수칙을 떠올리며 계속 건강한 나눔을 실천하고 있지 않을까?

## 진심을 담아 보내는 응원

_한지윤

아침부터 우울한 표정을 한 채 눈이 퉁퉁 부은 예지가 보건실로 들어왔다. 어제 많이 운 게 분명했다. "머리가 아파요." 힘없이 말하는 아이에게 "무슨 일 있었니?"라고 묻자 참았던 눈물이 터져버렸다. "힘든 일이 있었나 보구나."하고 등을 토닥이자 더 크게 울음을 터트렸다. 예지는 낯선 지역에 전학을 오면서 외로움을 느꼈지만, 한 친구와 깊이 의지하며 친해졌다고 했다. 그러나 작은 오해로 관계가 틀어졌고, 반복된 사과에도 친구가 받아주지 않아 속상하다고 털어놓았다.

며칠 후, 승주가 연거푸 보건실을 찾았다. 매번 두통을 호소했다. 단순한 편두통인가 싶었지만, 무언가 말하고 싶어 하는 듯한 표정이었다. "요즘 신경 쓰이는 일 있니?" 묻자 "네…… 그런 것 같아요."라며 고개를 푹 숙였다. 승주는 친구들과의 관계를 지키려다 작은 거짓말을 했고, 그것이 알려지면서 친구들의 신뢰를 잃어 힘들다고 이야기했다.

보건실에는 응급 처치 이외에도 보이지 않는 상처를 안고 오는 아이들도 많다. 보건실에서 상담하는 동안 아이들은 자신이 감당하기 어려운 감정을 조심스레 꺼내 놓는다. 청소년기 가장 큰 스트레스가 입시와 성적일 것이라 생각하지만, 그만큼 크고 깊은 것이 친구 관계였다. "누구나 실수는 한단다. 사과하고 싶다면 변명하지 말고, 진심을 다해 미안하다고 해보자. 사과를 받아줄지 말지는 그 친구가 선택하는 거야. 진심을 솔직하게 말한다면, 마음이 닿을 거야." 괴로워하는 아이들에게 내가 해줄 수 있는 말은 '진심'을 담아서 표현해 보자는 것뿐이었다.

> 가장 먼저 미안하단 말을 해주세요. 모든 것을 제쳐둔 진심 어린 사과 하나라면, 당신의 피치 못할 상황을 또는 핑계를 너그럽게 이해해주지 않을까 합니다.
>
> - 정영욱, 『나를 사랑하는 연습』

몇 달이 지났을까. 우연히 본 예지와 승주는 언제 그랬냐는 듯 밝은 얼굴을 하고 친구들과 어울리고 있었다. '짜식들, 잘 지내나 보구나.' 싶어 피식 웃음을 지으며 생각했다. 아, 이렇게 아이들은 자라나는 거구나. 상처에 주저앉기도 하지만, 결국 스스로 일어서고 진심으로 관계의 틈을 메워가면서 말이다. 언젠가 더 넓은 세상에서도 온전히 자신을 지켜내길 바라는 마음으로, 나는 오늘도 아이들을 진심으로 응원한다.

\* 학생의 이름은 가명으로 표기했습니다.

**2부** 우당탕, 보건실의 하루

# 풋살 경기, 보건실을 응급실로 만들다
_곽효연

남자 고등학교에는 보건실이 가장 바쁜 시기가 있다. 바로 팝스 측정 시즌과 풋살 경기를 할 때다. 특히 12월, 수능이 끝나고 긴장이 풀린 3학년들의 풋살 사랑은 매서운 겨울 추위도 막을 수 없다. 문제는 풋살 경기 후 보건실이 응급실처럼 바뀐다는 것이다. 어느 날 경기가 끝나기도 전에 한 학생이 문을 벌컥 열고 보건실로 뛰어들었다.

"선생님…… 숨이…… 너…… 무…… 차요……."

급하게 숨을 몰아쉬는 아이를 진정시키며 물을 건네고 침상에 눕혀 조심스레 심호흡을 시키고 있었다. 그런데 잠시 뒤 또 한 아이가 문을 열고 들어왔다. 얼굴이 새하얗게 질려 있었다.

"저 원래 천식이 좀 있는데…… 하아…… 숨이 차요……."

정신없이 두 번째 학생도 눕히고 물을 건네며 진정시켰다. 그리고 나는 한마디 한다. "내일모레 성인 되는 애가 천식 있으면 이렇게 추운 날 그렇게 뛰면 안 되지? 이제 네 몸은 네가 관리해야지." 헉헉대던 학생은 민망한 듯 씩 웃었다. 하지만 이게 끝이 아니었다. 그 이후로 학생들이 계속 보건실로 몰려오기 시작했다. "선생님, 다리에 쥐 났어요!", "선생님, 미끄러져서 다리에 상처 났어요!" 풋살 경기 하나 했을 뿐인데 나와 건강 실무사 선생님은 숨 돌릴 틈도 없이 뛰어다녔고, 급기야 상황은 정점을 찍었다. 한 학생이 친구 두 명에게 거의 업히듯 부축되어 보건실로 들어왔다. "선생님, 착지하다가 발목에서 뚝 소리가 났어요!" 학생을 의자에 앉히고 살펴보니 발목 상태가 골절이 의심될 만큼 심각했다. 살짝만 건드려도 비명을 지르며 통증을 호소했고, 정확한 상태를 확인하려 했지만 통증이 너무 심해 더는 만질 수조차 없었다. 이송조차 어려운 응급 상황이라 판단되어 결국 119에 신고할 수밖에 없었다. 구급차가 도착할 때쯤엔 보건실은 이미 만석이었다. 침대에 누워있는 학생, 상처 치료하는 학생, 학생들을 걱정하며 들어온 담임선생님들까지……. 보건실은 정말 병원 응급실을 방불케 했다. 다행히 골절된 학생은 병원으로 무사히 이송되었고 남은 학생들도 하나둘 몸 상태를 회복하며 돌아갔다. 다들 가고 난 뒤 나와 건강 실무사 선생님은 뒷정리를 하며 "응급실도 이런 응급실이 없네."라고 말했다.

몸은 힘들긴 했지만 다쳐도 항상 밝게 웃고 건강해지는 학생들을 보며 보람을 느낀다.

오늘도 나는 보건실에서 다음 풋살 경기를 대비한다.

감자보건실, 오늘도 영업 중!

# 잠시 쉬어가도 괜찮은 곳

_이주민

아직도 잊을 수 없는 아이, 도원이. 지금은 성인이 되었을 테지만 그 아이의 모습은 내 기억 속에 또렷이 남아 있다. 도원이는 언제나 수업에 열심히 임하는 아이였고 조용하면서도 성실했다. '도원이' 하면 교과서에 빼곡히 필기하던 모습이 떠오를 정도였다. 그런데 어느 날, 예상치 못한 소식을 들었다.

"수업 중에도 갑자기 쓰러질 수 있대요."

담임 선생님의 말에 순간 숨이 멎는 듯했다. 도원이가 '원인불명의 뇌전증'이라는 희귀병을 앓게 되었다는 것이다. 갑자기 쓰러져서 발작을 일으키는 아이를 어떻게 도와줘야 할까? 친구들은 어떤 반응을 보일까? 수많은 걱정이 스쳐 지나갔다. 우선 부모님과 이야기를 나눠야겠다고 생각했다. 전화를 걸자 수화기 너머로 들려오는 목소리는 눈물에 젖어 있었다. "선생님, 도대체 왜 우리 애한테 이런 일이 생긴 걸까요?" 도원이 어머니는 흐느끼며 말을 이었다.

"아무런 징조도 없이 갑자기 쓰러지고 발작하고……. 처음엔 믿을 수가 없었어요. 병원에서도 원인을 정확히 알 수 없대요. 도원이가 너무 힘들어 해요. 학교에서 쓰러지면 친구들이 놀랄까 봐 걱정되고 도원이가 스스로 위축되는 것 같아요."

나는 아무 말도 할 수 없었다. 아무리 위로의 말을 전하고 싶어도 그 어떤 말도 충분하지 않을 것 같았다. 겨우 입을 떼어 "도원이도, 어머니도 많이 힘드시죠?"라고 조심스럽게 말했다. 어머니는 울먹이며 도원이의 최근 급작스러운 변화를 이야기해 주셨다. "도원이가 원래는 동생도 잘 챙기고 밝은 아이였어요. 그런데 요즘은 작은 일에도 짜증을 내고 동생한테 화를 내기도 해요. 하루에도 몇 번씩 감정이 오르락내리락하고……. 제가 알던 도원이가 아닌 것 같아요. 어떻게 해야 할지 모르겠어요." 나는 가슴이 먹먹해졌다. 어머니의 말처럼 도원이도 이 상황을 받아들이기가 힘들었을 것이다.

갑작스러운 병으로 인해 모든 것이 변해버린 현실. 무엇보다 자신을 향한 시선이 달라질까 봐 두려워하는 아이의 마음이 아프도록 이해되었다. 학교에서는 어떻게 도와줘야 할까? 담임 선생님과 상의했다. 선생님 역시 걱정이 가득한 얼굴로 말했다. "도원이가 수업 시간에 갑자기 쓰러질 때가 있어요. 그럴 때마다 반 아이들이 놀라서 수업 분위기도 어수선해지고……. 어떻게 하면 좋을까요?" 도원이 어머니께서는 증상이 나타날 때마다 119를 불러달라고 부탁하셨다. 또한 다른 친구들에게 보이지 않도록 조심해 달라고도 하셨다. 우리는 아이들에게 도원이의 병에 대해 차근차근 설명하는 것이 필요할지 아니면 최대한 조용히 넘어가도록 하는 것이 좋을지 고민했다. 그러나 어떤 방법을 선택하든 도원이가 스스로 위축되지 않도록 돕는 것이 가장 중요했다. 병원에서도 딱히 해줄 수 있는 것이 없다는 말이 더욱 안타까웠다. 결국 발작이 올 때마다 병원에 가는 것 말고는 뾰족한 방법이 없었다. 친구들이 놀리지 않았지만 도원이의 표정은 점점 어두워졌다. 심한 뇌전증도 아니었지만 아이에게는 모든 것이 너무나 큰 변화였다.

나는 고민했다. '어떻게 하면 도원이가 조금이라도 편안함을 느낄 수 있을까?' 보건실이 그 아이에게 조금이라도 숨 쉴 공간이 되길 바랐다. 아프다고 찾아오는 곳이 아니라 그냥 잠시 쉬어가도 괜찮은 곳이 되기를. 언젠가 도원이가 다시 친구들과 어울려 환하게 웃을 수 있기를 바라면서.

*학생의 이름은 가명으로 표기했습니다.

별책 부록 2

# 감자보건실 픽, 추천 도서

김영미 — 정혜신, 『당신이 옳다』

정혜신 작가에게 배운 말, '요즘 마음이 어때?' 나와 아이들의 마음을 살피고 싶을 때, 건네면 좋은 물음을 남겨 봅니다.

곽효연 — 윤홍균, 『자존감 수업』

남들과 경쟁하고 완벽해야 했던 시기에 "괜찮아."라며 저 자신을 위로했습니다. 앞으로 수많은 일과 선택 앞에 서게 될 학생들이 이 책을 통해 자신을 이해하고 지켜내는 힘으로 이어지길 바랍니다.

김소민    폴 J.마이어, 『괜찮아, 잘 될 거야』

저는 자기계발서를 좋아하지 않습니다. '입에 발린 소리, 말은 쉽지.'라는 생각 때문입니다. 하지만 "괜찮아, 잘 될 거야."라는 입에 발린 소리라도 듣고 싶던 어느 날, 집 안 책장 한구석에 박혀 있던 이 책을 보고 단숨에 읽어 내려갔습니다. 책을 읽고 나면 '나는 행복해질 거야, 반드시 그렇게 될 거야.'라는 믿음이 가슴 한편에 자리 잡을 거예요. 그 믿음이 힘들었던 당신의 하루에 작은 위로가 되길 바랍니다.

도현미    아니 카스티요, 『핑!』

친구와의 오해를 풀고 싶지만, 그 친구가 자기의 말을 듣지 않을까 봐 걱정된다고 해서 이 책을 내밀었습니다. 사람들은 각자의 생각과 신념을 가지고 살아갑니다. 내가 할 수 있는 일은 나의 몫의 '핑'을 하는 것입니다. 그리고 돌아오는 '퐁'은 친구의 몫입니다. 최선을 다해 '핑'했다면, 그것으로 충분합니다.

### 우혜인

> 도대체, 『일단 오늘은 나한테 잘합시다』

있는 그대로의 나를 이해하는 방법을 따뜻하게 전하는 심리 에세이입니다. 짧고 유쾌한 글과 그림이 어우러져, 작가의 독특한 발상에 웃음 짓다가도 어느새 위로를 느끼게 됩니다. 조용히 읽으며 마음의 평안을 찾기에 좋은 책입니다.

### 이고운

> 무라카미 하루키, 『달리기를 말할 때 내가 하고 싶은 이야기』

반복되는 일상에서 제 자신이 나태해지는 느낌이 들 때 저는 이 책을 꺼내어 봅니다. 세계적 작가 하루키가 달리는 자신, 그리고 소설가이자 인간으로서 어떻게 살아왔는지를 담담하게 이야기해 줍니다. 이상하게도 마지막 장을 덮고 나면 뛰고 싶어지고, 적어도 계단 걷기라도 시도하게 됩니다.

### 이슬기

> 허지원, 『나도 아직 나를 모른다』

신규 시절, 낯선 시골 학교에서 마음이 지칠 때마다 꺼내 보던 책입니다. 이 책의 가장 큰 매력은 과학적 근거에 기반해 섬세한 위로를 건넨다는 점입니다. 단순히 '괜찮다.'라고 다독이는 것이 아니라, 왜 그런 감정을 느끼는지, 그리고 어떻게 하면 스스로를 더 잘 돌볼 수 있는지를 구체적으로 알려줍니다.

> 이주민   타라 웨스트오버, 『배움의 발견』

잠이 오지 않는 밤이나 종종 요즘 일상이 따분하다고 느껴질 때 읽곤 했던 책입니다. 처음에는 책 두께를 보고 '너무 두꺼운 책을 산 게 아닌가?'라는 생각이 들었지만 읽어 보니 술술 넘어가는 책이었습니다. 참 아이러니한 사실이지만, 나보다 훨씬 더 열악한 환경에서 본인의 노력으로 열심히 살았던 주인공을 보면서 더 나은 환경에서 사는 '나는 이보다 훨씬 낫다.'라는 생각으로, 힘을 얻을 수 있었습니다.

> 임유나   안녕달, 『안녕』

글밥이 많은 책을 별로 좋아하지 않습니다. 일과 관련이 있거나 어떤 목적이 있어 정보 탐색으로 책을 찾아 읽는 게 아니라면 저는 그림책에 손이 닿습니다. 그림책 작가가 독자로 하여금 자신이 숨겨놓은 의미를 찾아주길 바라는 마음을 발견했을 때의 '애'를 사랑합니다. 저는 안녕달 작가의 모든 그림책을 소장하고 있습니다. 마치 그의 책을 다 가지고 있으면 그림책에 담긴 감성이 내 안에 오롯이 담길 것만 같습니다. 안녕달의 『안녕』에는 만남과 헤어짐, 그리고 재회의 '안녕'이 모두 담겨 있습니다. 지금 내 곁에 있는 사람과 앞으로 만나고 떠나보낼 인연을 어떻게 대해야 할지 깊이 생각하게 됩니다.

### 조서윤
혜민, 『멈추면, 비로소 보이는 것들』

삶이 힘들어 잠시 마음 추스르려고 떠난 여행길이었습니다. 외로운 마음에 기대고 싶어 청량리역사 내 서점에서 책 한 권을 골랐습니다. "순간순간 사랑하고, 순간순간 행복하세요. 그 순간이 모여 당신의 인생이 됩니다." 책장을 넘기며 이미 지난 시간과 아직 오지도 않은 시간 속에서 왜 그렇게 미련하게 어리석게 살아왔는지를 돌아보게 되었습니다. 마음 무겁게 하행 기차에 몸을 실었던 저는 책의 마지막 장을 덮을 즈음, 가볍고 홀가분한 마음으로 상행 기차에 오를 수 있었습니다. 지금의 자리로 돌아올 수 있도록 나를 토닥여 준 소중한 벗, 이 책을 한번 읽어보기를 추천드립니다. 여행길엔 책 한 권을 기차에 담고 좋아하는 음악을 들으며 여러분만의 힐링 시간을 가져보길 바랍니다.

### 한지윤
천선란 외 2명, 『엉망으로 열심히 살고 있습니다』

뭐든 잘 해내고 싶은 사람에게 완벽하지 않아도 괜찮으니, 우리 각자의 자리에서 자신만의 방식으로 성실하게 살아가자고 다독이는 진솔하고 따뜻한 응원가 같은 책입니다. 다양한 감정이 휘몰아치는 일상에서 이 책을 통해 '나만 이런 건 아니구나.' 하며, 잠시나마 위로를 받았습니다.

# 몸과 마음을 돌보는 시간

## 3부

"다정한 관심과 따뜻한 손길로

어제보다 오늘이 더 단단해지는 순간들"

# 퇴근 발걸음을 가볍게 하는 한마디 말
_김영미

"선생님~ 큰일 났어요."

보건실 안에 있다 보면 밖에서 뛰어가는 소리만 들려도 심장이 철렁한다. 오늘도 보건실 문이 열리기도 전에 호들갑스러운 학생들의 소리가 보건실 복도를 타고 먼저 들어온다. 손을 움켜잡은 학생을 선두로 검은 머리들이 몰려들었다. 저마다 한마디씩 한다.

"계단에서 그랬어요."

"꿰매요?"

"애 죽어요?"

죽는다니? 중학생의 생각 없는 말에 한마디 해주려다 문득 들리는 한마디가 내 마음을 가라앉힌다. "제가 보건실 가자 했어요."

이제 아이들을 진정시키고 다친 아이를 봐야 한다. "친구 다쳤다고 함께 와 주다니, 다들 든든하네. 자 이제 조용!" 아이의 오른쪽 두 번째, 세 번째,

네 번째 손가락에서 검붉은 피가 뚝뚝뚝 떨어진다. 소독 거즈로 손가락을 감싸 쥐고 아이의 안색부터 살핀다. 보건실까지 걸어왔지만, 내 얼굴을 보는 순간 긴장이 풀리며 쓰러질 수도 있다. "선생님, 꿰매야 해요? 병원 가요?" 말을 또렷하게 하는 걸 보니 쓰러질 일은 없겠구나 하고 속으로 1차 안심한다. "호흡부터 가다듬고 왜 다쳤는지 천천히 말해봐."

계단을 급히 내려가다 난간을 스쳤는데 그 부분이 날카로웠는지 손이 베였다고 한다. 소독하는 순간에도 피는 멈추지 않는다. 깨끗한 거즈로 닦고 스테리스트립(steristrip)[4]을 붙여 상처를 단단히 고정한다. 벌어진 상처가 조용히 닫히고 피가 멈춘다. 바람이라도 들어가면 테이프가 떨어질까 숨을 쉬는 것도 조심스러워지지만, 메디폼으로 덮고 단단히 감싸니 아이도 안심한 표정을 짓는다. 나도 2차 안심. "누르거나 흔들지 마. 선생님은 응급처치만 한 거니까 병원에서 진료받아야 해. 부모님께 전화할게." 어머니께 전화를 걸었지만 받지 않으신다. 아버지께 전화를 하니 두 분 다 직장에 계신다고 한다. 다행히 할머니가 학교로 가실 수 있다며 연락해 보겠다고 하신다. '우리 집 애들도 이런 상황이면 학교에 의지하겠지. 오실 수 있는 가족이 계시니 다행이다.' 짧은 순간에 내 머릿속으로 나의 아이라면 어떨까? 떠올려 본다.

잠시 후, 부장 선생님이 보건실로 달려오고 교무실에서도 다친 학생 소

---

4) 봉합사 대신 상처를 접착해 주는 피부 접착테이프

식을 듣고 걱정하는 눈치다. 상황을 설명하고 보건실 바닥에 떨어진 혈흔을 정리한다. 할머니가 도착하셨다는 연락이 왔다. 아이의 표정이 어두운 걸 보니 혹시나 꿰맬까 걱정하는 듯하다. 안심시켜 주고 싶지만 보건실엔 또 다른 학생들이 기다리고 있다. 나는 다음 학생 처치에 다시 바빠진다.

2시간쯤 지났을까? 아이가 씩씩하게 보건실로 들어선다. "병원 갔는데 샘~ 짱이래요! 저 안 꿰맸어요! 감사해요! 저 조퇴해요~." 공식적으로 당당히 조퇴할 수 있는 기회에 아픈 것도 잊은 듯하다. 아이는 진료 결과 보고를 하고 밝게 웃으며 보건실을 나선다. 잠시 후, 교무실에서 전화가 왔다. "병원에서 학교 보건 선생님이 응급처치를 잘해주셔서 추가 처치 없이 돌아왔다고 하네요. 감사하다고 전해달라고 하셨어요!" 다친 학생 어머니가 센스 있게 교무실로 감사 인사 전화를 주신 거다.

학교 안 간호사인 나에겐 학교 밖 의사의 한마디가 동료처럼 든든하게 다가온다. 피가 뚝뚝 떨어지던 아이도, 바로 달려올 수 없었던 부모님도, 다친 손주를 걱정하던 할머니도, 그리고 긴장했던 나도 이 말을 듣고서야 안심한다. 그리고 친구가 다치면 제일 먼저 생각나는 곳인 학교 보건실의 처치를 믿어주는 학생과 부모님의 감사의 말 덕분에 퇴근길, 내 발걸음은 가벼워진다.

# 내 이름은 뚱
_조서윤

어릴 적, 먹을 게 풍족하지 않았다. 명절이나 제사, 잔치가 있는 날이면 그동안 먹지 못한 고기며 떡이며 배가 터지도록 먹었다. 너무 맛있었고, 언제 다시 먹을 수 있을지 몰라 허겁지겁 삼켰다. 그렇게 통통해진 내게 동네 아이들은 '뚱'이라는 별명을 붙였다. '뚱보'를 줄여서 "아이, 뚱!" 하고 놀려 댔다. 세상에서 가장 부러운 건 슈퍼를 운영하는 친구네 집. 언제든지 과자를 마음껏 먹을 수 있으니까. 어릴 적 배불리 먹지 못했던 과자와 라면, 달콤한 사탕은 어른이 되어서도 끊임없이 내 배 속을 채웠다. 그러면 그럴수록 몸은 무거워졌고, 마음도 함께 짓눌렸다. 예쁜 드레스를 입고 싶었고, 치마에 하이힐을 신어 보고 싶었고, 남자친구도 사귀고 싶었다. 하지만 '뚱'이라는 말에 익숙한 나에게 관심을 두는 남자는 없었고, 그렇게 20대를 보냈다.

보건교사가 된 뒤에도 세상은 크게 달라지지 않았다. "선생님, 뚱뚱해요." 아이들은 보이는 대로 말하는 존재였다. 그들의 말이 칼처럼 날카롭게 꽂혔다. '아, 내가 정말 뚱뚱하구나.' 그래서 결심했다. 어떻게든 살을 빼야겠다고. 굶기도 하고, 1일 1식도 해보고, 설사약도 먹어보고, 온갖 마법 같은 다이어트 약도 시도해 봤지만 식욕만큼은 내 뜻대로 조절되지 않았다. 그러다 전교생 천오백 명 규모의 큰 학교에서 근무하게 되면서, 나의 끝나지 않던 다이어트는 자연스럽게 멈췄다. 점심 먹을 틈도 없이 바쁘게 보내는 나날 속에서 끼니를 놓치다 보니 체중이 조금씩 줄기 시작했다. 그때부터 식탐을 조절하고, 음식을 가려 먹으며, 체중 감량에 성공했다. 그리고 깨달았다. 어린 시절 '뚱뚱이'라고 놀림 받던 그 서러움을, 지금도 많은 아이들이 겪고 있다는 사실을.

그래서 초등학교 비만 학생들을 위한 예방 사업을 추진해 보기로 했다. 체중 감량 프로젝트, 영양 식단 구성, 식사 수첩 작성, 줄넘기 운동, 슬로우 채식 요리, 비만 예방 홍보자료 제작 등 다양한 프로그램을 시도했다. 하지만 한 가지 고민이 생겼다. 비만 학생들만 따로 운동시키면 오히려 주목받기 쉽고, 주변 아이들의 수군거림으로 인해 아이들이 위축될 수 있다는 점이다. 게다가 단기간의 사업으로는 고작 500g 정도 감량하는 게 전부였다. 연속성이 부족한 점이 아쉬웠다. 하지만 그 작은 시작은 끝이 아니라, 더 큰 전환점이 되었다. 고등학교에서는 비만 학생만을 대상으로 하지 않고, 선생님을 포함한 학교 구성원 전체가 함께 참여할 수 있는 비만 예방 프로젝트를 기획했다. '워크온' 앱을 활용해 '신철원 GO, 건강 GO 프로젝트'를 시작했다, 희망자를 모집해 다양한 활동을 펼쳤다.

- 운동장 쓰레기 줍기 행사 (환경 보호 + 운동)
- 추찐빼씬 (추석 때 찐 살 빼고, 날씬하게 살자!)
- '살아 살아 안녕' 10월 걷기 챌린지 (목표 걸음 달성 이벤트)
- '스위치 온' 다이어트 30일 도전자 모집
- 건강 요리 인증샷 이벤트
- 깜짝 돌발 퀴즈
- 자연의 향기와 소망 적기
- 포토 맛집 이벤트
- 선생님과 함께 '태어난 김에 망나니골 등산 가즈아'
- 비만 예방 캠페인

그 외에도 비만, 건강, 다이어트 팁, 암 예방 등과 관련된 건강 자료와 책을 추천했다. 참여한 학생들에게 리워드 상품을 제공하며 흥미를 유도했고, 꾸준히 홍보한 덕분에 참여 인원도 점점 늘어났다. "선생님 너무 재밌어요.", "내년에도 또 해요!" 아이들의 반응은 열띠고 뜨거웠다. 비만이라는 주제에만 머무르지 않고, 건강·운동·요리·소망·자연·환경·마음 챙김 같은 다양한 주제를 엮은 덕분에 학생과 선생님 모두가 즐겁게 참여할 수 있었다. 함께 건강해지기 위해 노력하는 그 모습 속에서 혼자 하나하나 준비하며 느꼈던 고단함은, 짜릿한 성취감으로 충분히 보상받을 수 있었다.

가장 기억에 남는 아이 영환이. 가장 열심히 참여했던 영환이는 두 달만에 10kg 감량에 성공했다. 일대일 생활 습관 교정 상담, 주 1회 체지방 측정, 편의점 군것질 줄이기, 채식 위주의 식단 조절, 꾸준한 운동. 그 모든 노력이 모여 만들어낸 놀라운 변화였다. 아마 이 프로젝트가 아니었다면 고도비만 상태로 졸업했을지도 모른다. 누군가의 삶에 작은 전환점을 만든 이 경험은 내게도 큰 울림으로 남았다. 아이들의 변화를 함께 지켜보며 함께 웃고, 때론 울며 보냈던 시간은 오래도록 기억에 남을 것이다. 하지만, 다음 프로젝트를 기대하며 눈을 반짝이던 아이들을 뒤로하고 나는 정든 학교를 떠나야 했다. 아쉬움은 컸지만, 또 다른 학교에서 또 다른 아이들과 건강한 변화의 씨앗을 뿌릴 수 있다는 기대에 다시 가슴이 뛴다.

*학생의 이름은 가명으로 표기했습니다.*

# 완벽하지 않아도 나의 시간은 계속된다

_이고운

삼척고등학교, 나의 첫 발령지였다.

힘든 노량진 시절을 마무리하고 삼척에 작은 자취방을 구했다. 샤이니의 〈Everybody〉를 들으며 내적 댄스와 함께 힘차게 출근하던 첫날, 영동의 봄은 너무나 따뜻했고, 교사로서 내 마음의 열정은 갓 내린 투 샷 아메리카노보다 더 뜨겁고 진했다.

그 해, 나는 1학년과 3학년을 맡아 일주일에 총 12시간의 수업을 배정받았다. 인근 도시의 보건 선생님들을 초청해 공개 수업도 열었고, 교과서만으로는 부족하다는 생각에 매시간 프레젠테이션, 프레지[5] 등의 자료도 만들고, 교육 과정을 재구성하며 온 힘을 기울였었다. 처음 해보는 수업 준비는 낯설고 좌충우돌의 연속이었지만, 돌이켜보면 그 시간들 덕분에 보건교사로서 '수업'이란 무엇인지 스스로에게 묻고, 그 의미를 다시 써 내려갈 수 있었던 것 같다.

5) PPT와 비슷한 발표 프로그램 중 하나

그 시절의 분주함이 지금의 나를 만들어낸 것이겠지?

보건교사로서 10년 남짓의 시간이 흐른 지금, 가끔 만약을 떠올려 본다.

혹시 그해, 그렇게 많은 수업시수를 할당받지 않았다면 어땠을까?

어쩌면 나 역시 수업보다는 응급 처치와 보건실 사업에 더 큰 비중을 두는 보건교사가 되었을지도 모르겠다.

내게는 과목으로서 보건 교과가 정식 편제되지 않은 현실 속에서도, 아이들에게 꼭 전하고 싶은 이야기들이 있다. 그래서 나는 보건교사의 시선으로 진로, 창의적 체험 활동, 자율 수업을 바라보았고, 그 안에서 교실에서의 수업 시간과 학교에서의 활동 시간을 준비해 갔다. 양성평등, 금연, 약물 오남용, 정신 건강 등을 주제로 단순한 지식 전달을 넘어, '내가 사는 지역'과 '아이들의 삶'에 닿아 있는 이야기로 아이들과의 시간을 풀어내었다.

웹 예능이나 유튜브 콘텐츠, 문학 작품들을 양성평등과 마약 및 흡연 예방의 시선으로 비판하고 재해석하는 수업 계획안을 동료 보건 선생님들과 함께 연구회 활동을 통해 공부하고 시도해 보았다. 보건이라는 렌즈로 사회를 바라보는 활동지와 수업 계획안을 만들었다.

코로나 이후 플라스틱 쓰레기 문제에 관심을 두게 되면서 아이들과 '플라스틱 챌린지'라는 자율봉사 동아리를 만들었다. 점심시간마다 학교 안의 분리수거장에서 플라스틱 병뚜껑들을 하나하나 모았다. 창의적 체험 활동

시간을 할애받아 우리가 살고 있는 춘천의 쓰레기 여정을 주제로 한 영상을 기획해 보기도 하고, 쓰레기를 주제로 특강도 개최하고 프로젝트 수업도 해 보았다. 1년 넘게 모은 몇십 킬로그램에 달하는 병뚜껑들은 겨울방학과 함께 강원도의 한 재활용 센터로 보냈다. '새활용'이라는 말이 내가 살고 있는 도시에서 실현되는 과정에 학생들과 함께 이바지할 수 있어 뿌듯했다. 금연 사업을 할 때는 아이들과 함께 학교 밖의 지역 대학가에 가서 금연 캠페인을 펼쳤다. 지역 내에 초청되는 연사 특강 정보를 미리 찾아보고 학생들과 함께 특강에 참여해 보기도 했다. 낯선 공간에서 함께 듣고, 걷고 이야기하며 아이들과 새로운 추억을 만들었다. 기숙사 학교에서는 '아침 요가 프로그램'을 운영했다. 비만 예방 사업의 일환이었지만 참여하는 학생들에게는 건강한 하루를 시작하는 좋은 습관 형성의 계기 그 이상이었을 것이다. 첫 아이를 키우며 다양한 그림책을 접하게 되었고, 그 경험을 바탕으로 양성평등이라는 주제를 담아 아이들이 각자 그림책 작가가 되어 책을 출간해 보는 수업 프로젝트도 진행해 보았다.

아이들과의 시간을 준비하는 내 마음은 물음표로 가득했다.
'이 수업으로 인해, 아이들이 새로운 시선으로 세상을 바라보게 되었을까?'
'보건교사인 내가 이런 수업을 해도 되나? 이렇게 완벽하지 않은데도 해도 될까?'
'이게 정말 아이들에게 의미가 있을까?'

그 모든 시간들이 아이들 머릿속에 어떤 기억으로 남아 있을지는 알 수 없지만, 분명한 건 그 안에 사람 대 사람으로 마주했던 우리가 있었다는 점이다.

함께 웃고, 이야기하며, 움직였던 순간들.

나의 시간은 그렇게 아이들과 삶을 이야기하고, 살아가는 법을 배우고 나누기 위한 노력과 함께 지금, 이 순간도 계속되고 있다.

완벽하지는 않지만 말이다.

# 내가 아픈 건 바이러스 때문만은 아닐 거야

_임유나

목이 간질간질하니 잔기침이 나기 시작했다. '아… 나… 뚫렸네….' 아무리 강박적으로 마스크를 쓰고 환기를 시키고 주변을 소독해도 막을 수 없다. 잘 먹고 잘 자고 물을 자주 마시고 꾸준하게 운동을 하고 따뜻하게 몸을 보존해도 막을 수 없다. 바이러스!

펄펄 끓듯 열이 나는데 마스크 없이 맨입으로 기침하는 아이들로 우글거리는 보건실은 바이러스의 온상이다. 바이러스와 최전선에서 싸움을 벌이니 뚫리는 건 결국 시간문제다. 점차 머리가 지끈거리기 시작했다. 집에 도착하자마자 비타민계의 에르메스라 불리는 녀석을 단숨에 들이켰다. 나는 이것을 '바이러스에게 터뜨리는 폭탄'이라고 일컫는데, 이렇게 하고 나면 다음 날이 가뿐하다. 시작의 기미가 보일 때 눌러버리는 거다. 그다음으로 쌍화탕과 갈근탕을 복용한다. 몸이 따끈해지면서 노곤해졌다. 중간에 두통으로 잠깐씩 깼지만, 열두 시간을 내리 잤다. 병원에서 간호사로 일할 땐 소독제에 수십 번씩 절여지던 손 피부가 코끼리 가죽처럼 두꺼워지고 갈라져 내내 고생하더니 이젠 건너뛰기 없이 매년 바이러스로 고생이다.

병가를 내거나 병·조퇴를 할 때, 누군가는 농담처럼 "보건 선생님이 아프면 어째요?"라고 하지만, 사실 가장 취약한 환경에 놓여 있다. "내가 면역 왕이 되겠어!"라고 스스로 사투를 벌이는 거 말고, 우리를 보호할 수 있는 환경을 구축해 주거나 보건교사 수당 좀 올려달라고요~!

# 곁을 내어준다는 것은
_이고운

　보건실은 크고 작은 아픔에 귀 기울이고 그때그때 필요한 처치를 하며 때로는 말없이 사소한 위로를 건넬 수 있는 곳이다. 보건교사로서 내리는 의료적 판단의 무게도 생각보다 무겁지만, 그보다 더 내게 무겁게 느껴지는 것은 나를 찾는 사람들의 눈동자에 담긴 조심스러운 마음의 무게이다. 복도에서 스쳐 지나갈 땐 알 수 없던 아이의 속마음도, 조용한 보건실 안에서는 조심스레 고개를 내민다.

　그곳에서 나는 다양한 사람들을 만난다.
　손가락 상처를 치료하다가 자녀의 이야기를 나눠주시며 끝내 나를 울린 선생님도 계셨다.
　학교 공사 중 다친 손을 테이프로 칭칭 감고 와 삶의 단단함을 느끼게 해준 인부도 있었다.
　보건실 창문으로 나비를 날려 보내며 봄기운을 느껴보라고 하는 학생도 있었다.

진지한 얼굴로 다리가 부러진 참새를 데려와 치료해달라고 하는 학생도 있었다.

보건실 문을 박차고 들어와 분노를 내뿜다가 공감의 한마디에 눈시울을 붉히던 아이도 있었다.

그중 잊을 수 없는 한 아이가 있다.
"선생님 3층에서 뛰어내리면 어떤 기분일까요?"
그날, 그 아이의 말 앞에 나는 아무 말도 할 수 없었다.
정신 간호학의 위기관리, 상담 이론. 임용을 준비하면서 얼마나 열심히 공부했던가?
하지만 그 순간, 머릿속이 새하얘졌다. 그 아이는 철학을 좋아했고, 세상을 무겁게 받아들이는 청소년이었다. 그날 이후로 그는 거의 매일 같이 보건실을 찾았다. 어느 날은 수업이 끝나고 보건실에 오니 보건실의 집기류들과 화분들이 내동댕이쳐져 있기도 했고 어느 날은 종일 말 없이 침대를 차지하고 있기도 했다. 그럴수록 나는 별것 아닌 소소한 일상을 주제로 말을 걸며, 대화의 끈을 놓지 않으려 애썼다. 업무와 수업으로 바쁜 날들 속에서 때로는 그 아이의 방문 자체가 부담되기도 했지만 나는 그저 있는 그대로 그 친구를 받아주기로 했다.

그렇게 그 해를 함께 말 그대로 버텼다. (그 친구도, 나도 버텨냈다.)

그리고 이듬해, 그는 철학과에 합격했다는 소식을 장문의 문자와 함께 전해왔다. 그 아이가 자신을 잃지 않고 삶을 이어가고 있다는 사실에 감사했다.

살고 싶다고 한 번도 이야기한 적은 없지만 살아가고 있다고 이야기해 줘서 고마웠다.

보건실, 그곳에서 내가 만났던 사람들은 모두 각자의 삶의 리듬에 맞춰 이야기를 써 내려가고 있었다. 그 이야기들이 때로는 위태롭게 흔들리고 끝이 보이지 않는 것처럼 보일 때도 있었다. 하지만 이제 나는 알게 되었다.

누군가 곁을 내어주고 조용히 들어주기만 해도 그 결말이 따뜻한 희망이 될 수 있다는 것을….

나 역시 내게 곁을 내어준 과거의 수많은 누군가가 있었다.

공부도 열심히 안 하고 X맨, 무한도전 같은 예능만 보면서 스트레스 받는다고 힘들어하는 철없던 나를 항상 믿다가, 그렇게 배신당해 뒤통수 얼얼해 하면서도 "엄마는 너 믿어."라고 이야기해 준 우리 엄마.

학교에서 방황하고 있는 나를 불러 나와 눈을 마주치며 "선생님은 너 믿어."라고 이야기해 주신 선생님.

임용 준비 과정에서 불합격할까 봐 마음 흔들려 하며 힘들어하는 내게 "넌 합격할 수 있을 거 같아, 난 너 믿어."라고 이야기해 준 함께 공부했던 노량진 학원 동기 선생님.

"선생님은 할 수 있을 거 같아요, 전 믿어요."라며 붙잡아준 노량진 임 교수님.

병원에서 임상의 무게에 힘들어하던 내게 "넌 할 수 있어, 같이 해 보자."라고 말씀해 주셨던 멘토 선생님과 동기들.

그 외 과거와 현재의 무수한 누군가가 내어 준 크고 작은 곁과 대책 없는 믿음 덕분에 이렇게 살고 있고, 열심히 잘 살려고 노력하고 있는 내가 그 희망의 증거다.

그래서 나는 오늘도 보건실에서 스몰토크로 나의 작은 곁을 내어줘 본다. 어쩌면 나도 그들에게 과거의 누군가가 될지도 모르기 때문이다.

당신도 곁을 내어 줄 준비가 되어 있나요?

## 6

# 우리 학교에는 작은 카페가 있다

_김소민

    춘천은 유명한 맛집뿐만 아니라 예쁜 카페가 많아 늘 관광객들로 북적인다. 의암호와 소양강 기슭을 따라 줄지어 들어선 카페들은 저마다의 특색을 뽐낸다. 잘 가꾼 정원과 따뜻하고 감성적인 실내 공간, 유명한 시그니처 메뉴, 탁 트인 강변 뷰 등 각기 다른 매력을 자랑하며 손님을 맞이한다.

    우리 학교에도 모두의 사랑을 받는 카페가 있다. 매일 아침 문을 열고, 점심시간이 지나면 문을 닫는다. 여느 유명한 카페처럼 아름다운 정원도, 강변 뷰도 없지만, 선생님과 학생들의 사랑방이자 직업 교육이 이루어지는 교육의 현장이다. 학생들은 이곳에서 노동의 가치를 몸소 배우고 경제 활동을 통해 자립할 힘을 기른다.

    "선생님, 저 데었어요!"

    가끔 뜨거운 물에 화상을 입고 빨갛게 익은 손가락을 내보이며 보건실로 달려와 내 가슴을 철렁하게 만들기도 하지만, 어엿한 바리스타들이다.

    복도에 가득 퍼진 향기에 코를 킁킁대며 발걸음을 멈춘다. 문틈 사이로

풍겨오는 고소하고 쌉싸름한 향기에 이끌려 문을 열고 들어간다. 교실 한 칸에 꾸민 카페의 아늑하고 따뜻한 조명이, 기분 좋은 음악이, 나무로 만든 테이블과 의자가 손님을 반긴다. 아메리카노, 카페라테, 바닐라라테, 카페모카……. 커다란 메뉴판에 빼곡히 적힌 음료를 보며 한참 고민하지만, 선택하는 메뉴는 아메리카노다. 아메리카노 천 원. 카페라테 천오백 원. 천 원으로 할 수 있는 게 많지 않은 세상이지만 이곳에선 쌉싸름하고 향긋한 행복을 마실 수 있다.

  분홍색 유니폼을 입은 바리스타들이 선생님의 지도에 따라 주문을 받고 커피를 내린다. 느리지만 정확하게, 서툴지만 정성스럽게. 그 뜨거운 한 잔에 선생님의 열정이 한 스푼, 아이들의 노력이 한 스푼, 모두의 부푼 꿈이 모여 어디에서도 찾을 수 없는 귀한 커피가 된다.

  아메리카노 단돈 천 원, 세상에서 가장 값비싼 아메리카노를 맛볼 수 있는 곳. 우리 학교에는 작은 카페가 있다.

# 보건교사의 금지구역

_한지윤

아침 서늘해진 공기와 함께 출근하여 굳게 닫힌 깜깜한 보건실 문을 열자마자 등굣길에 넘어진 아이, 어제부터 아팠다던 아이가 줄지어 똑똑- 소리와 함께 등장한다.

"선생님, 저 생리통 때문에 너무 힘든데, 보건실에 누워도 되나요?"
"선생님, 저 어지러워요."
"선생님, 감기 기운이 있는데 좀 쉬어도 되나요?"

학교 내에 유일하게 있는 침대이기에 아이들은 '침대에 눕고 싶다'며 끊임없이 보건교사인 나에게 어필을 한다. 학생뿐만 아니다. 아프신 선생님들께서도 수업 중간에 좀 쉬어도 되겠냐고 오시기도 하신다. 한번은, 교생실습을 하는 교생 선생님께서 포카리스웨트를 한 손에 들고 구토와 오심이 있다고 오셨다. 어제 회식하신 것을 알고 있어 숙취냐 물어봤는데 단연코 아니라고 하시긴 하셨지만……. 신규 때는 누구를 쉬게 해야 하는지 기준이 명확하지 않아서 어리바리했었지만 이젠 나만의 룰이 생겼다.

첫 번째로 약 먹고 할 수 있는 처치는 다 해봐도 너무 아프면, 두 번째로 다시 오기.
"선생님께 허락 맡고 왔는데 쉬게 해주시면 안 되나요?"라고 말하는 아이들에게는 추가로 "보건실 침상 안정은 교과 선생님과 담임 선생님한테 허락받는 게 아니고, 보건 선생님이 확인한 후에 허락해야 누울 수 있는 거란다." 첨언을 꼭 함께 덧붙인다.

모두가 원하는 곳 보건실 침대.
하지만 나에게는 쳐다볼 수조차 없는 금지구역이 보건실 침대이다. '보건교사 꿀 빤다, 좋겠다.' 이런 소리를 너무 많이 들어서인지 오기가 생겨, 너무 아파도 보건교사에게 보건실 침상 안정은 절대 있을 수 없는 일이 되어버렸다. 내가 정말 아파서 딱! 한번 누워있었다 하더라도 그것을 본 사람들은 "보건실에서 근무하니 침대에 누워있을 수 있고 팔자 좋다."라며, 평가할 것이 뻔하기에. 나는 아파도 절대 누우면 안 된다고 생각하는 내 생각 속 보건교사의 보건실 금지구역, 보건실 침대.

## 보건실, 마음을 나누는 공간

_곽효연

　3월, 개학과 함께 주어지는 보건교사의 가장 큰 숙제는 학생 건강조사서를 배부하고 정리하는 일이다. 팔백 명대의 학생이 있는 큰 학교에서 이 작업은 단순히 서류를 나누어 주고 걷는 것으로 끝나지 않는다. 모든 학생의 건강 상태를 확인하고 요보호 학생을 선별하며, 필요한 경우 개별 상담까지 진행해야 한다. 학기 초에는 정신없이 바쁘지만, 건강 조사를 통해 학생들의 상태를 파악하는 것이 앞으로의 보건실 운영에 큰 도움이 되기에 시간을 쪼개어 틈틈이 진행한다.

　학생들의 건강 조사를 정리하는 과정에서 올해는 유난히 상담해야 할 요보호 학생들이 많다는 점이 눈에 띄었고 그만큼 더욱 세심한 관리가 필요하겠다는 생각이 들었다. 학생들과 직접 상담하기도 하지만 학생들이 모르고 있는 내용도 있을 수 있기 때문에 학부모님께 직접 연락을 취해서 상담을 진행했다. 상담하다 보면 부모님들의 공통점이 있다. 아픈 아이를 학교에 보내놓고 매일 노심초사하는 마음. 학교에서 응급 상황이 발생하지 않을까? 하는 두려움. 나는 부모님들의 걱정과 불안을 가까이서 느낄 수 있었다. 전화기 너머로 학생의 현재 상태를 길게 얘기해 주시는 부모님들의 말을 들으며 나도 한 아이의 엄마로서 마음이 찡해졌다. 이렇게 진단을 받기까지 겪은 고통과 학교생활을 잘 이어가기 위한 학생들과 부모님들의 끊임없는 노력. 그들의 이야기는 상담을 통해 마치 한 편의 드라마처럼 전해진다.

나는 부모님들께 학생들이 어려움을 겪고 있으면 언제든지 보건실을 찾도록 안내해 드렸고 학생들이 몸이 좋지 않으면 편안하게 쉬다가 갈 수 있도록 배려하겠다고 말씀드렸다. 부모님들은 보건실에서 신경을 써주고 있다는 사실에 고마움을 표현해 주셨다. "이렇게 전화까지 주셔서 감사합니다.", "보건 선생님이 계셔서 안심돼요."라는 한마디가 오히려 나에게 큰 힘이 되었다.

개학과 함께 여전히 해야 할 일은 많지만 학생들이 보건실을 편하게 찾아와 자신의 건강을 돌볼 수 있도록 돕는 일이야말로 내가 가장 잘할 수 있는 일이고, 꼭 해야만 하는 일이라고 생각한다. 오늘도 마음과 몸이 아픈 학생들이 건강한 생활을 할 수 있도록 보건실 문을 활짝 열어놓는다.

**3부** 몸과 마음을 돌보는 시간

# 흡연자는 연애를 할 수 있을까?
_임유나

옆 반 동료가 '소개팅할 뻔'한 사연을 들려주었다.

"카톡 프로필로 본 그 사람의 외형은 꽤 괜찮았어요. 근데, 흡연자 같더라고요. 물어보니 이제 금연할 예정이래요. 그래서 완벽하게 금연하면 그때 만나자고 했어요. 제가 뭐라고 담배를 끊으라고 하겠어요. 예전 남자 친구한테 속은 거 생각하면 이런 거에 에너지 쏟기 싫어요."

나는 그의 두 손을 꼭 감싸 쥐고는 눈을 반짝이며 말했다.

"선생님, 저는 이 세상에 선생님 같은 마인드를 가진 사람들만 연애할 수 있었으면 좋겠어요. 진심이에요."

나의 이상형 리스트 부동의 1위는 '비흡연자'다. 배운 게 도둑질이라고 간호 학생 때부터 중환자실 간호사로 일하는 동안, 그리고 보건교사인 지금까지 흡연의 폐해는 남들보다 아주 실감 나게 간접 경험했다고 볼 수 있다. 학생들을 대상으로 한 흡연 예방 교육에서 빠지지 않고 말해주는 사례가 있다. 30년이 넘는 세월을 흡연자로 살아온 환자가 중환자실에 입실했다. 진단명은 폐기종. 숨이 차서 누워서 잘 수도 없었고 앉아 있는 동안에도 산소포화도가 60~70%로 뚝뚝 떨어졌다. 저농도의 산소 캐뉼러를 적용하고 있었음에도 산소포화도가 무섭게 떨어졌다. 일반인은 의식조차 하지 않는 '숨쉬기'가 그에겐 노동처럼 보였다. 내 환자는 아니었지만, 옆에서 그 환자의 숨 쉬는 소리만 들어도 내 숨이 다 찼다. 내 주변에는 흡연자가 없다. 흡연하는 것을 칠색 팔색하는 나의 태도로 인해 사람을 만나기 전부터 흡연자를 거르기 때문인지도 모르겠다. 이런저런 환경으로 인해 나는 담배 냄새가 매우 역하게 느껴진다.

분명 인격적으로나 여러모로 괜찮은 사람들이 많은데, 흡연자라는 이유만으로 만남 자체를 차단한 나의 과거는 아쉽다. 하지만, 후회하진 않는다. 내가 사랑하는 사람이 흡연으로 인한 나쁜 결과를 맞이할 것을 알면서 곁에 두고 보는 게 괴로울 것 같다. 게다가 간접흡연으로 인해 내가 받는 영향도 무시할 수 없다. 누군가는 흡연으로 인해 질병에 걸리는 것이 100% 유전이라며 흡연의 위험성을 낮추어 말한다. 담배를 50년 이상 피고도 비흡연자보다 더 건강하게 사는 사람이 있다며 사례를 덧붙인다. 그런 사람은 아주 극소수일뿐더러 끝까지 건강할 것이라고 확신할 수 없다. 건강적인 면은 그렇다 치고 흡연과 관련해 세 가지 행동은 믿고 거른다. 담배 하나로 상대방에 대한 배려와 보편적 도덕성까지도 확인할 수 있다.

1. 걸으면서 담배 피우는 사람

2. 학교 30m 이내에서 담배 피우는 사람

3. 담배꽁초를 아무 데나 버리는 사람

차은우와 연애할 수 있다고 해도 그가 흡연자라면 백 명이 내게 와서 플러팅해도, '노 땡큐!'다. 나의 건강도 챙기면서 연애의 기회를 높일 수 있는 남자의 비율이 높은 운동 공간에 등록했다. 하지만, 내 기준으로 멋져 보이는 남자 중에 비흡연자는 손에 꼽을 정도였다. 비흡연자로 유도하는 것은 어떠냐고? 흡연하는 친구에게 금연을 권하면서 크게 다투고 나서는 성인들을 비흡연자로 만들려는 시도는 하지 않기로 했다. 내가 가르치는 초등학생들이 아예 흡연을 시작하지 않도록 교육에 전념하거나 혹은 흡연을 규제하기 위한 정책에 힘을 실어 줄 예정이다.

여러분, 연애가 하고 싶으신가요? 그렇다면 이제 담배를 끊자구요! 적어도 제가 가르친 학생들이 사회에서 활발히 활동하는 시대에는 흡연자가 연애에 어려움을 겪을 수도 있을 겁니다.

# 새장 안에 갇힌 새

_한지윤

　'새장 안에 갇힌 새'. 〈도전 슈퍼모델 코리아〉에서 나왔던 유명한 짤이다. 모델들은 새장 안에 갇힌 새를 각자의 방식으로 표현했는데, 어떤 모델은 몸을 오그려 웅크렸고, 어떤 모델은 놀라고 답답한 표정을 짓기도 했다. 이 장면이 어딘가 익살스러웠는지 사람들은 여러 가지 짤이나 밈을 만들어 사용했다. (모르시는 분들은 유튜브에 '새장 안에 갇힌 새'를 검색하면 나온답니다.) 그 장면을 볼 때 나는 문득, 보건교사로서의 나를 떠올렸다.

　쉬는 시간에도, 수업 시간에도, 언제라도 '똑똑' 문을 두드리며 아이들이 찾아온다. 보건실은 학교에서 아이들이 쉽게 다가올 수 있는 공간이기에, 보건교사는 아이들을 맞이하며 보건실이라는 큰 새장에 갇혀 있어야만 한다. 응급 상황은 '아차!' 할 때 발생하는 경우가 많아서 나는 그 가능성 앞에 늘 불안한 마음을 가지고 일을 한다. 교무실에서 커피 한잔 나누는 사소한 여유는 꿈도 꿀 수 없으며, 업무 관련 회의 참석도, 다들 기다리는 점심시간조차도 신경이 쓰여 다른 보건 선생님[6]과 교대로 해결하곤 한다. 창밖을 바라보며 선생님들이 함께 담소를 나누는 모습이 보일 때면 '부럽다……. 나도 나가볼까?' 하는 마음이 올라오지만, 보건실을 비운 사이에 '학생이 나를 찾지 않을까?', '응급 상황이 생기지는 않을까?' 하는 걱정이 나의 발목을 붙든다. 누가 나에게 강제로 보건실을 지키라고 시킨 것도 아닌데 보건실 반경 2km 이내에 있을 때 마음이 편해지는 것을 보니 내가 나를 보건실이라는 새장 안에 셀프 감금을 하는 것이 분명하다. 그래야 안심이 된다는 핑계를 대며.

의료인으로서의 숙명.

아이들은 "선생님~ 저 이날 뼈가 부러질 예정입니다!"라며 미리 예고하고 보건실에 방문하지 않는다. 갑자기 학생들 여러 명이 불쑥 보건실 문을 확 열며 "선생님! 친구가 쓰러졌어요!"라고 찾아온다는 것을 알고 있다. "머리가 아프고 울렁거려요."라고 말하는 아이에게 요새 무슨 일이 있는지, 어제 잠을 잔 것은 맞는지 질문 폭격기가 되기 위해서는 늘 촉각을 곤두세우고, 학생들의 건강 상태를 예민하게 알아차릴 수 있어야 한다. 발 빠른 대처를 위하여 묵묵히 그 자리를 지켜야 하는 학교의 유일한 의료인, 그게 바로 보건교사로서의 숙명이다. 이 자리를 지켜내는 노력이 누군가에게는 안전한 학교생활을 제공하는 보호막이 되고, 또 자신의 마음을 알아주는 어

---

6) 과대·과밀 학급의 경우, 보건교사 2인이 근무하는 학교도 있음

른이 있음에 안도가 될 것이라 믿으며, 나는 오늘도 새장에 갇혀 아이들을 기다린다.

# 내 손에 가시

_도현미

　나는 가시 빼는 데 자칭 '기술자'다. 예전에 근무했던 학교의 운동장 주변 계단이 나무 데크로 되어 있었는데, 시간이 지나며 이곳저곳에 결이 일어났다. 아이들은 손, 발, 심지어 엉덩이에도 가시가 박힌 채 보건실로 왔다. 무섭다며 엉엉 우는 아이들을 달래가며 핀셋으로 살을 헤집었다. 땀을 뻘뻘 흘리며 가시를 찾다 결국 피부과에 보내기도 했다. 몇 달이 지나면서 조금씩 요령이 생겼다. 아프지 않게, 피가 나지 않게. 이제는 웬만한 가시는 내 손에서 무리 없이 빼낼 수 있게 되었다. (참고로 그 운동장 데크는 교장 선생님께서 가시 찔림 통계를 모아 교육청에 보고한 후, 다음 해 철거되었다.)

　그런데 얼마 전, 내게도 '그 일'이 생겼다. 오른쪽 엄지손가락이 따끔따끔했지만, 내 손가락을 돌보아줄 여유가 없었다. 대충 밴드 하나 붙이고 일을 마무리하고 있을 때다. 다시 불편한 따끔함이 느껴졌다. 자세히 보니 작은 가시 하나가 콕 박혀 있었다. 하필이면 손등 쪽이다. 문제는 내가 오른손잡이라는 것. 왼손은 그저 피아노 반주를 하거나 박수 칠 때, 로션을 바를 때만 쓰인다. 핀셋을 들고 허공을 맴도는 왼손에게 오른손의 가시를 맡길 수는 없었다. 고민 끝에 한 선생님께 도움을 요청했다. 그런데 선생님은 바늘이 무섭다며 당황한 얼굴로 손사래를 치셨다. "앗…!" 미처 생각하지 못한 부분이었다. 나는 얼른 정중히 사과하고 교실을 나왔다. 그때, 보건실 복도를 지나던 6학년 아이들이 눈에 들어왔다. 평소 씩씩하게 보건실을 드나들던 아이들이라 혹시나 해 조심스럽게 물었다.

"혹시 바늘 무서워하니?"

"아니요!"

"혹시 말인데, 선생님 손에 가시가 박혔는데…… 도와줄 수 있을까?"

"네~!!"

아주 믿음직스럽다. 한 아이가 핀셋을 건네받고, 조심스럽게 내 손을 찔렀다.

"잘 건드려지지 않아요."

다른 아이도 도전해 봤지만, 가시는 점점 더 안으로 숨어들었다. 찔끔 눈물이 날 것 같았지만, 꾹 참았다.

"고마워. 도와주려 했던 마음만으로 충분해."

아쉬워하는 아이들을 집으로 보냈다. 피부과도 이미 문을 닫은 시간. 다시 한번 다른 선생님께 도움을 청했다.

"선생님. 혹시…… 저 좀 도와주실 수 있을까요?"

한 선생님이 금세 달려와 주셨다.

"제가 겁은 없는데 수전증이 좀 있어요."

신중히 핀셋으로 가시 주위를 건드려 봤지만, 이미 살을 파고든 가시는 움직이지 않았다. 피가 나자 선생님도 조금 당황하셨다.

"어떡하죠? 빠질 것 같은데 안 빠져요."

"괜찮아요! 이렇게 와 주신 것만으로도 정말 고마워요."

다시 밴드를 붙인 채 집으로 갔다. 다음 날 가시는 여전히 내 손가락 속에 있었다. 병원에 갈 시간도 없다. 결국, 어제 회식으로 늦게 들어온 남편에게 "오늘은 꼭 나 좀 도와줘야 해!"라고 신신당부했다. 집에서 만난 남편은 두 눈에 힘을 주고 침을 들었다. 요령을 알려주자, 신중하게 가시 주위를 헤집더니 말했다.

"나온 거 아니야?"

"아니, 아직."

다시 집중한 끝에…… 드디어! 이틀 동안 나를 괴롭히던 가시를 뺐다.

"정말 잘했어!"

나는 남편을 진심으로 칭찬했다. 가시 하나 빠졌을 뿐인데 속이 시원했다. 그 순간, 문득 '학교에 보건 선생님은 정말 필요한 존재구나' 생각했다. 우습게도 그 보건 선생님이 바로 나 자신이지만, 그것으로 충분하지 아니한가.

# 보건교사의 일기
## : 어제의 나, 오늘의 나

_이슬기

겨울방학이 끝나간다. 몇 주 뒤면 보건교사로서 세 번째 새 학기를 맞이하게 된다. 이번 개학은 왠지 모르게 설렌다. 학생들과 수업하는 즐거움을 알게 되면서 수업에 대한 부담과 걱정이 앞서기보다는 더 잘하고 싶다는 마음, 더 배우고 싶다는 마음이 생겼다. 흘러가는 시간을 아쉬워하기보다는 시간이 만들어주는 노련함과 여유에 감사하는 날들을 보내고 싶다.

2020. 2. 10.

3월 2일 개학 날이다. 교직 생활 중 처음으로 나 홀로 개학을 맞이했다. 평소라면 입학식을 하고, 첫 수업을 하며 설레는 마음으로 하루를 보냈을 것이다. 오늘 문득, 이런 평범하고 소박한 일상이 얼마나 소중한 것인지 또 한 번 느꼈다. 마트에서 장을 보는 일조차 이렇게 간절하게 느껴진 적이 있었던가. 개학은 연기되었지만, 조만간 등교할 학생들을 기다리며 새 학기를 준비했다. 감염병 대응 계획서를 작성하고, 방역 물품을 점검하고, 코로나19 유행 상황을 예의주시하며 고군분투하는 하루를 보냈다.

2020. 3. 2.

개학이 또 연기되었다. 1주 연기에서 2주 추가, 그리고 또 2주 추가 연기······. 한 달 전만 해도 상상할 수 없던 일이었다. 매일 예측 불가능한 일들이 벌어진다. 학생은 없지만, 학교의 유일한 보건 인력인 나는 긴장의 끈을 놓을 수 없다. 체온계 하나를 더 구비하는 것조차 너무 힘들다. 터무니없이 비싼 가격에도 구할 수 있는 수량은 매우 한정적이다. 조용한 학교에 홀로 보건실에 앉아 발만 동동 구르고 있다.

2020. 3. 24.

벌써 2020년이 절반이 지나간다. 불안하게 개학을 기다리던 2월, 나 홀로 출근으로 개학을 준비하던 3월, 사상 초유의 온라인 개학으로 정신없이 흘러간 4월, 등교 개학을 시작했던 5월을 지나 어느새 중간고사까지 마무리되었다. 단 몇 줄로 정리가 되는 시간이지만 수많은 희로애락을 거쳐왔다. 코로나19로 멈춰진 세상 속에서 우리가 누렸던 평범한 일상이 얼마나 소중한지 새삼 깨닫게 된다. 치열하지만 그 어느 때보다 고요했던 보건실을 잊지 못할 것이다.

2020. 6. 23.

일주일의 짧은 방학을 마치고, 2학기가 시작되었다. 휴식의 시간이 짧았던 탓인지 갑자기 모든 일에 의욕이 생기지 않는다. 꽤 오랜 시간 동안 매일 긴장 속에서 업무를 하다 보니 마음이 지쳐간다. 퇴근하고 나서도 수시로 핸드폰 알람이 울렸다.

'선생님, 저희 반 학생 부모님이 밀접 접촉자로 분류되셨다는데, 학생이 내일 등교해도 괜찮을까요?', '보건샘, 늦은 시간에 죄송해요. 기숙사 학생이 지금 열이 난다고 하는데…….' 등등 다양한 상황들에 관한 질문이 쏟아졌다. 주말도 예외는 아니다. 아침에 눈 뜨자마자 모르는 번호로 부재중 전화가 찍혀있는 걸 보면 심장이 철렁 내려앉는다. 긴장의 끈을 놓을 수 없는 생활을 지속하다 보니 정신적 피로감이 극에 달했나 보다.

2020. 9. 2.

시간이 참 빠르게 흐른다. 3년 차 보건교사에게는 너무나 가혹하고 힘든 나날들이었다. 물 한 모금도 넘어가지 않을 만큼 예민해지는 시기도 있었고, 누군가의 말 한마디에 하루종일 기분이 오르락내리락하기도 했다. 한 해를 돌이켜보면 힘든 일이 많았지만, 개인적으로 긍정적인 습관을 만들어 나가기도 했다. 운동을 꾸준히 했고, 책의 종류를 가리지 않고 매일 짧게라도 독서하고, 일기를 썼다. 나를 위해 정성을 들이는 시간이 참 좋았다. 통제 불가능한 상황에 매몰되어 불안에 빠지기보다는 어떠한 상황이든 유연하게 받아들일 수 있는 여유를 가져보자. 코로나19와 같은 삶의 변수는 앞으로도 많을 것이다. 그때마다 무너지지 않고 단단해지기 위해서는 주어진 상황에 대처할 나의 마음가짐을 잘 갖추는 것이 필요하다. 내면을 성숙하게 채워 나가자.

2020. 12. 17.

보건교사가 되어 여덟 번째 새 학기를 맞이했다. 정신없는 개학 날이었지만 오랜만에 만나는 학생들과 반갑게 인사하며 활기찬 하루를 보냈다. 퇴근길에는 불과 몇 년 전 코로나19 대유행으로 고생했던 나날들이 떠올랐다. 집에 돌아와 그 당시 일기장을 펼쳐보았다. 매년 쓰던 일기였지만 2020년의 일기장은 유난히 빼곡하게 채워져 있었다. 사상 초유의 개학 연기, 온라인 수업 등의 변화를 겪으며 느꼈던 혼란스러운 감정들이 세세히 담겨 있었다. 학교의 유일한 의료인이자 감염병 업무 담당자로서 홀로 외롭게 견뎌냈던 나날이었다.

집에서 멀리 떨어진 시골 학교에서 홀로 관사 생활을 하며 저경력 보건교사로서 최선을 다하던 시절의 기록을 다시 읽다 보니, 스스로가 안쓰럽게 느껴졌다. 보건교사는 대부분 학교에 단 한 명만 배치되어 근무하기 때문에, 그 고충을 온전히 이해해주는 사람을 찾기 어렵다. '보건교사는 수업도 적고 보건실에서 혼자 근무하면서 편하게 근무한다.'라는 무심한 동료 교사의 발언에 상처를 받기도 하면서 말이다.

보건교사는 코로나19와 같은 특수한 상황이 아니더라도 늘 보건실을 지키며 언제 닥칠지 모르는 응급 상황에 대비한다. 그리고 보건실에 찾아오는 학생들의 수많은 이야기와 마주하게 된다. 누군가에게는 시시하고 사소한 이야기가 될지라도 그걸 이어 붙이면 인생이 되고 역사가 된다. 보건교사의 일기는 언제나 마냥 좋은 일로만 가득하지는 않겠지만 보다 입체적으로 세상을 경험하는 삶을 기록하게 될 것이다.

# 내 보건실에는 비타민 처방 기준이 있다

_이주민

    나는 뽀로로 비타민, 티니핑 비타민, 카봇 비타민 등등 저학년 아이들이 좋아하는 캐릭터 비타민을 종류별로 보건실에 비치해 두는 편이다. 물론 텐텐은 아이들 눈에 보이지 않게 좀 더 깊숙한 곳에 둔다. 요즘에는 우리 딸이 약국에서 사달라고 졸라서 사준 캐릭터 비타민이 큰 역할을 한다. 캐릭터가 마음에 들어서 사달라고 졸랐지만 막상 집에 가져오면 잘 먹지 않는다. 그렇게 쌓여 있던 비타민을 몰래 보건실로 가져와서 우는 저학년 아이에게 줬더니 효과가 정말 좋았다. 좋아하는 티니핑이 뭔지 물어보고 비타민 봉지에서 골라주는 동안, 아이는 캐릭터 그림을 살펴보다가 울음을 뚝 그친다. '그놈의 캐릭터가 뭐길래?' 싶지만 캐릭터 비타민의 효과를 알기에 집에서도 종종 챙겨온다.

    내 보건실에는 비타민 처방 기준이 있다. 똑같은 기준으로 다 텐텐을 줄 수는 없기에 나름의 기준을 만들어서 비타민과 텐텐을 나눠준다.

### 비응급) 바람 쐬러 온 저학년 아이들

 교실을 벗어나서 바람을 쐬러 온 저학년 아이들에게는 다리 아프게 걸어온 수고를 생각해서 뽀로로 비타민 한 개를 준다. 그리고 친구가 보건실로 오는 길을 못 찾을까 같이 와 준 친구가 있으면 그 친구도 똑같이 뽀로로 비타민을 한 개를 준다. 단순히 비타민을 받기 위해 따라온 친구들도 있지만 그래도 같이 와 주는 따뜻한 마음을 생각해서 보상을 주는 것이다. 가끔은 보건실에 자주 오는 아이들이 "선생님, 저는 오늘 한 개 더 받을 수 있나요?"라며 조심스레 묻곤 한다. 물론 하루 한 번으로 제한을 두지만 아이들이 보건실을 편하게 느낀다면 그것도 나름의 의미가 있다고 생각한다.

### 경증) 월요병을 앓는 아이들

 열은 없지만 머리가 아파서 오거나 어지럽다고 호소하는 경우, 특히나 주말에 신나게 쉬고 월요병을 앓고 있는 듯 보이는 저학년 아이들에게는 "힘내라."라는 말과 함께 뽀로로 비타민 두 개를 준다. 나도 월요병이 힘드니까 아이들의 기분을 충분히 이해해 줄 수 있다. 종종 "선생님, 오늘 너무 피곤해요. 어제 늦게까지 놀았어요."라고 솔직하게 이야기하는 아이들도 있다. 그럴 땐 가볍게 머리를 쓰다듬어 주며 "오늘부터는 일찍 자. 주말에는 신나게 놀지만, 일요일은 월요일에 학교 와야 하니까 조금 쉬어야 해.

너무 신나게 놀면 안 돼."라고 말해준다. 이렇게라도 아이들과 소통하는 것이 보건 선생님의 역할이라고 생각한다.

### 경중) 울면서 찾아온 아이들

머리가 아프다고 울면서 보건실에 오는 경우, 이럴 땐 캐릭터 비타민 출동이다. 울음을 그치게 하기 위해서는 "좋아하는 캐릭터가 뭐야?"부터 말해야 시선을 끌 수 있다. 그리고 좋아하는 캐릭터가 있는지 없는지 시선으로 찾기 시작해야 눈물이 쏙 들어간다. 좋아하는 캐릭터 찾아서 비타민을 주면서 "잘 가." 하면 아무 일 없는 것처럼 교실로 돌아간다. 때로는 비타민을 고르면서 "선생님, 이거 우리 동생도 좋아하는 건데!"라며 동생 자랑을 하는 아이들도 있다. 그렇게 이야기하는 동안 아이들의 기분이 한결 나아지는 걸 보면 작은 관심이 얼마나 중요한지 새삼 깨닫는다.

### 중중) 마음을 다독여야 하는 아이들

체육 활동을 하다가 슈퍼포아[7]를 붙일 정도로 다친 경우이거나 새 학년 적응기인 3월에 엄마가 보고 싶다고 우는 1학년 아이에게는 텐텐을 두 개 준다. 엄마가 보고 싶어서 우는 아이에게는 텐텐을 두 개 정도 까서 입에

---

7) 병원용 드레싱 밴드

넣어줘야 울음이 잦아든다. 운동회 준비로 열심히 달리기하다가 무릎에 피가 날 정도로 다친 경우에도 텐텐을 보상으로 준다. '열심히 한 만큼 보상이 있어야 한다는 것이 세상의 이치다.' 본인이 더 속상할 테니까 텐텐으로라도 그 마음을 달래줘야 한다. 어떤 날은 운동장에서 넘어져 온 아이가 "선생님, 저 너무 열심히 했어요!"라며 자랑스럽게 이야기하는데 그 표정이 너무나도 대견하다. 그렇게 최선을 다한 아이들에게 작은 텐텐 하나가 주는 위로는 어른들의 생각보다 크다.

보건실에서 비타민 하나가 주는 위로는 전혀 작지 않다. 그건 단순한 영양제가 아니라 아이들의 울음을 멈추고 마음을 토닥이는 작은 마법 같은 존재니까. 그리고 보건실은 아프거나 다쳤을 때만 오는 곳이 아니라 잠시 쉬어가도 괜찮은 공간이라는 것을 아이들이 기억해 주었으면 좋겠다. 보건실에서는 오늘도 작은 비타민 하나가 아이들의 마음을 어루만지며 울음을 멈추게 하고 따뜻한 위로를 전하고 있다.

**별책 부록 3**

# 일상을 살찌우는 다정한 취미

**김영미**  공모주 주워 담기

'쫌쫌따리'로 공모주 주워 담아 치킨값 벌기가 나의 취미입니다. 주식 공부하지 않아요. 쓸공(쓸데없이 하는 공부) 너무 많이 했거든요. 주식 투자 공부는 버겁고 공모주만 주워 담아서 치킨값 정도만 벌면 됩니다. 때론 맥주까지 먹을 수 있으면 그날은 운수 좋은 날입니다.

**곽효연**  음악과 함께하는 시간

예전엔 음반을 모으고 콘서트에 자주 다닐 만큼 음악을 참 좋아했습니다. 지금은 직장생활과 아이를 키우느라 예전만큼의 여유는 없지만, 틈날 때면 예전에 좋아했던 노래나 클래식을 들으며 마음을 쉬게 합니다. 좋은 곡을 만나면 아이와 함께 피아노로 연주해 보는 시간, 그 순간이 제게 가장 큰 행복입니다. 퇴근 후 집에 돌아와 <우아한 유령>을 틀어두고 있으면 고요하게 흐르는 음악 속에서 문득 내가 우아한 유령이 된 듯한 기분이 들고, 바쁘게 보낸 하루를 음악과 마무리하는 시간은 나의 하루를 지켜주는 조용한 쉼표가 되어줍니다.

### 김소민　홈베이킹

부드러운 버터에 설탕을 섞고 달걀과 하얀 밀가루를 넣어 조물조물 모양을 냅니다. 뜨거운 오븐에서 부푸는 빵을 보고 있노라면 마음이 차분해지고, 집안 가득 풍기는 달콤한 향기에 기분도 좋아집니다. 레시피에 온전히 집중하면서 만들다 보면 잡생각도 사라지고 스트레스도 풀리는 것 같습니다. 만든 과자와 빵을 주변 사람들과 나누며 정을 나눌 수 있어 더욱 좋습니다. 요즘 마음의 여유가 없어 못 하고 있었지만 조금씩 다시 시작해 봐야겠습니다.

### 도현미　강연 듣기

요즘은 참 좋은 세상입니다. 집에 앉아서도 훌륭한 분들의 강연을 들을 수 있으니까요. 어느 한 분야에서 자리를 잡은 사람들의 이야기를 듣다 보면, 마치 마음속 깊은 곳에서 용기가 '쑤~욱' 하고 솟아오릅니다. 그들의 말에는 단단한 경험이 묻어나고, 그 안에는 깊은 울림이 있습니다. 깊이 있는 배움도 좋지만, 삶을 온몸으로 통과한 사람들의 이야기는 듣는 것만으로도 큰 위로가 됩니다. 세상에 멋진 사람들이 참 많다는 걸 알게 되면, 오늘을 사는 나의 마음도 한결 따뜻해집니다.

**우혜인**  러닝

러닝을 시작한 건 몇 해 전, 마라톤에 나가면서부터였습니다. 사실 달리기는 늘 피하고 싶은 일이었습니다. 숨이 턱까지 차오르고, 다리가 후들거리는 느낌이 싫었거든요. 그러다 건강을 위해 무언가 하나쯤은 해보자고 마음먹었고, 별생각 없이 신청한 마라톤이 러닝의 시작이 됐습니다. 처음엔 10분만 달려도 숨이 찼습니다. 그런데 이상하게도, 뛰고 나면 기분이 나쁘지 않았습니다. 조금 전까지 복잡했던 머릿속이 조용해졌고, 하루 종일 빈둥거린 날도 러닝 한 번으로 괜히 의미가 생겼습니다. 땀과 함께 마음속 스트레스도 흘러내리는 기분이었습니다. 달리는 동안은 오직 나만 존재합니다. 이어폰을 끼고 리듬에 몸을 맡기다 보면, 마음도 천천히 가라앉습니다. 속도를 내지 않아도 되고, 멈췄다가 다시 뛰어도 되는 러닝. 오늘도 저는 달립니다. 억지로가 아니라, 나를 위해서.

**이고운**  새벽 독서와 홈트

두 번째 학교로 전근한 이후, 업무 조율 때문에 1년 내내 속을 끓였었습니다. 한 명의 교사에게 너무 많은 업무가 과하게 책정되어 있어서 그것을 조율하느라 아이들과 라포[8]도 제대로 형성하지 못할 정도였습니다. 그때 스트레스 관리를 위해 선택한 취미가 독서 동호회

---

8)   사람과 사람 사이에 쌓이는 상호 신뢰 관계를 뜻하는 심리학 용어

와 요가였습니다. 한 달에 한 번 정도 독서 동호회 모임에 나가고 일주일에 3번 요가 학원을 가며 숨을 돌렸습니다. 결혼하고 아이가 생긴 후에는 동호회나 학원을 가는 시간이 허락되지 않아 새벽 독서와 틈날 때 홈트레이닝 유튜브를 보면서 스트레칭과 운동을 하는 것으로 취미 활동을 이어오고 있습니다. 최근 1년은 꾸준히 잘 실행하지 못하고 있어 취미라고 적으면서도 사실은 낯이 부끄럽습니다. 오늘부터 다시 시작해야겠습니다. 새벽 독서와 홈트!

이슬기 　 독서

독서를 본격적으로 다시 시작한 건, 코로나19로 일상이 멈춰졌을 때였습니다. 사회적 거리 두기로 사람들과의 만남이 줄고 혼자 보내는 시간이 많아지면서, 자연스레 책을 찾게 되었죠. 처음엔 TV나 핸드폰으로 시간을 보내는 게 익숙했지만, 그 시간이 점점 허무하게 느껴졌습니다. 혼자 있는 시간을 조금 더 의미 있게 채우고 싶었고, 불안하고 복잡한 마음을 잠시라도 가라앉히고 싶었습니다. 그때 시작한 것이 온라인 북클럽이었어요. 한 달에 한 번 북레터와 함께 책이 집으로 배송됩니다. 어떤 책이 도착할지는 알 수 없지만, 상자 속 책을 꺼내는 설렘이 좋았습니다. 소설, 비문학, 철학, 에세이 등 다양한 책을 읽으며, 매번 놀랍게도 '지금의 나'를 위로해 주는 한 문장을 만나게 되었어요. 지금은 책을 통해 나를 들여다보는 시간이 삶의 중심이 되었습니다. 읽는 만큼 나도 조금씩 단단해지고 있다는 걸 느낍니다. 책장을 넘기는 조용한 순간들 속에서 나는 나를 돌보고 있었습니다.

이주민 | 명화 그리기

밤에 잠이 오지 않거나 기분이 가라앉을 때 어떤 것을 해볼까 하다가 명화 그리기 DIY를 사서 해보게 되었습니다. 명화 그림에 번호로 칸이 나뉘어 있기 때문에 그 번호에 맞게 색깔만 칠하면, 손쉽게 세계적인 명화 작품을 가질 수 있게 됩니다. 인터넷에서 1~2만 원 선으로 싸게 구입해서 멋진 작품을 만들었다는 뿌듯함이 가득한 취미가 될 수 있습니다. 다만, 함정은 색칠에 시간 가는 줄 모른다는 것과 너무 큰 그림을 고르면 안 된다는 것입니다. 몇 번이나 덧칠할수록 더 진한 색을 낼 수 있기에 작은 그림을 골라야 빨리 완성할 수 있습니다.

임유나 | 구석에서 활자 훑기

하루를 마무리하고 잠자리에 들기 전에 하는 게 있습니다. 하루의 일과라 할 수 있고, 취미라고도 할 수 있습니다. 그날의 신문이든 가볍게 읽을 수 있는 에세이집을 들고 구석으로 찾아 들어갑니다. 집 안에서 가장 아늑한 곳은 주방과 거실 사이에 있는 구석입니다. 주변의 조명을 낮추고 따뜻한 색의 램프를 벽에 비춥니다. 종이 위 활자를 차분히 눈으로 담다 보면, 10분쯤 지나 고개가 뒤로 젖혀지고 입안이 건조해지는 것을 느낍니다. 까무룩 잠이 들었다가 비몽사몽한 상태로 침대에 기어들어 갑니다. 입시에 치열한 하루를 보낸 고등학생

때의 잠은 언제고 찾아오는 '죽일 놈의 잠'이었지만 이젠 나를 살리는 '고마운 잠'입니다. 그 잠을 더욱 편안하고 자연스럽게 빠져들기 위해 '구석에서 활자 훑기'가 매일의 취미가 되었습니다.

> 조서운    만 보 걷기

아무 생각 없이 걷다 보면 어느새 만 보가 됩니다. 그냥 걷고 또 걷다 보면, 어느새 모든 게 조금씩 해결되기 시작합니다. 다 이겨낼 수 있습니다. 지난 일은 놓아두고, 다가올 내일도 잠시 미뤄둡시다. 힘들다는 생각도 잠시 접고, 그냥 무조건 밖으로 나가 걸어보세요. 걷다 보면 알게 됩니다. 세상은 참 아름답고, 살아볼 만한 곳이라는 걸.

> 한지운    수공예

어렸을 적, 손으로 꼼지락거리는 것을 좋아했습니다. 어릴 땐 다이어리 꾸미기, 네일 아트가 즐겁더니 어른이 되어서는 피포 페인팅(정해진 번호에 맞춰 채색하는 DIY 그림)이나 레고, 퍼즐, 비즈 공예가 즐겁습니다. 일단 만들기 시작하면 머릿속의 잡다한 생각들이 로그아웃되고, 시간이 순식간에 지나있는 것을 느낍니다. 결과물을 소유하는 것보다 만드는 과정의 즐거움을 더 중요하게 생각하는 편이라, 아이러니하게도 일단 작품이 완성되고 나면 신기할 정도로 흥미가 사라집니다. 그래서인지 당근에 가끔 올라오는 "퍼즐 맞춰 주실 분?"이란 아르바이트 구인 글이 그렇게 반갑습니다.

# 감자보건실은 오늘도 다정한 영업 중

**4부**

"학교의 작은 공간, 보건실.
오늘도 변함없이 문을 열고,
새로운 날을 시작한다."

# 아픔을 듣는 사람, 보건실의 경청지기

_우혜인

보건실에 오는 아이들 중에는 작은 상처에도 세상이 무너지는 듯 울음을 터뜨리는 아이가 있고, 깊은 상처에도 꾹 참고 조용히 순서를 기다리는 아이도 있다. 대기 줄이 길어지면 나는 아이들에게 한 명씩 무슨 일로 왔는지 묻곤 한다. 그때, 멀리서 "눈에 가시가 찔렸어요!" 하는 외침이 들렸다. 나는 자리에서 벌떡 일어나 그 아이에게 달려갔다. 응급 상황임을 직감하고 기다리던 아이들에게 양해를 구했다.

"뭐라고? 얼른 이리 와! 보건실은 순서보다 상황이 더 중요하단다."

나는 아플 때 아프다고 말하는 아이들보다, 아파도 말하지 못하는 아이들에게 더 마음이 쓰인다. 어쩌면 그 아이들이 내 어린 시절과 닮아 있어서일지도 모르겠다.

초등학교 6학년 어느 날 아침, 머리가 아파 학교에 가기가 힘들었지만 '나아지겠지.' 하며 참았다. 하지만 학교에 도착해도 통증은 가시지 않았다.

"야, 너 왜 이렇게 안 좋아 보여?" 친구가 걱정스럽게 물었다. 나는 망설이다가 습관처럼 웃으며 대답했다. "응, 괜찮아. 그냥 좀 피곤해서 그래."

아무렇지 않은 척 수업을 듣다 통증이 심해져 보건실에 가야겠다고 생각했다. 하지만 '수업 중 자리를 비우면 친구들이 걱정하지 않을까?' 하는 마음이 앞서 결국 참았다. 머리가 아픈 것보다 보건실에 가서 시선을 받는 일이 더 부담스러웠다. 그날의 통증보다 더 힘들었던 건 아프다고 말하지 못한 마음이었다. 그 기억은 오래도록 내 안에 남아, 언젠가 누군가의 마음에 손을 내밀어 줄 사람이 되고 싶다는 생각으로 자라났다.

시간이 흐르면서 그 마음은 점점 구체적인 꿈이 되었고, 나는 보건교사가 되어 아이들이 주저 없이 문을 열 수 있는 보건실을 만들겠다고 결심했다. 적어도 내 보건실에서는 아이들이 "괜찮아?"라는 말에 "응, 괜찮아."라고 거짓말하지 않아도 되도록, 따뜻하게 맞이해 주겠다고.

그 결심을 다져가던 어느 날, 임용고시 준비 중 우연히 들은 EBS 청소년 고민 상담 방송 〈경청〉은 내 마음을 깊이 흔들었다. 청소년 자살의 주요 원인이 '고독과 외로움'이라는 조사 결과에 따라 시작된 이 방송은 고민을 털어놓을 곳 없는 아이들에게 조용히 말을 건네는 창구가 되어주고 있었다.

"첫째는 공경하는 자세로 듣겠습니다. 둘째는 귀 기울여 듣겠습니다. 셋째는 한편이 되어 드리겠습니다." 방송 속 '경청지기' 어른들은 이 세 가지

약속을 가슴에 새기고 아이들 곁에 살며시 앉아 이야기를 들어주었다. 그 모습을 보며 나도 언젠가 '보건실의 경청지기'가 되고 싶다는 꿈을 품게 되었다. 조용한 아이들이 망설이다 용기를 내어 문을 열었을 때, 편안히 머무를 수 있는 그런 곳을 만들고 싶었다.

보건실은 단순히 상처를 치료하는 곳이 아니다. 누군가에게는 지친 하루를 내려놓고, 숨을 고를 수 있는 공간이어야 한다고 믿는다. 그리고 오늘도 그 믿음을 안고 나는 아이들 곁에 묵묵히 머문다. '아프다'고 말할 수 있는, 그 작지만 소중한 용기가 언젠가 아이의 삶을 지켜주는 따뜻한 울타리가 되어주기를 바라며.

# K-장녀의 선택
_이주민

내가 보건교사를 꿈꾸게 된 계기는 단순했다. 더 이상 죽음을 마주하지 않아도 되는 곳에서 일하고 싶다는 생각이었다. 간호사가 되기로 마음을 먹고 간호학과에서 치열하게 공부했다. '고등학교 때 이렇게 공부했으면 어땠을까?' 싶을 정도로. 방대한 공부량에 눌려 울면서 책을 펼친 날이 부지기수였다. 얼마나 힘들어 보였는지 동생은 나를 보며 '간호학과는 절대 가지 않겠다.'라고 결심했다고 한다. 그렇게 어렵게 간호사가 되었다. 드라마처럼 환자들을 정성껏 돌보고 "고맙습니다. 덕분이에요."라는 말을 들을 줄 알았다. 하지만 현실은 달랐다. 응급실에서 보호자와 실랑이를 벌이는 날들이 많아졌고 사람을 미워하는 마음만 커졌다. 선배 간호사 한 분이 내게 말했다. "주민아, 너 예전에 조용하고 착했는데 이제 완전히 변했구나." 나도 알고 있었다. 감정을 주체하기 힘들 만큼 예민해지고 작은 불만에도 화가 치밀었다. '나는 원래 이런 사람이 아닌데…….' 하는 생각이 들었지만 응급실이라는 환경에서 버티기 위해 어쩔 수 없이 변해버린 것이었다.

병원에서는 운명처럼 죽음을 피할 수 없었다. 응급실에서는 위급한 환자를 살리고 싶었고 요양병원에서는 오랜 시간 일상을 함께한 환자들이 세상을 떠났다. 함께 했던 사람의 빈자리가 커질수록 아무렇지 않은 듯 일상을 이어가는 게 고통스러웠다. 어르신들은 담담했지만 나는 '언젠가 나도 저렇게 떠나겠지.'라는 생각을 반복하면서 한 사람의 죽음이 하나의 숫자에 불과하다는 것이 너무 잔인하게 느껴졌다. 그러다 문득 생각했다. '학교에서는 적어도 죽음을 대할 일이 없지 않을까?' 보건교사라면 학생들의 건강을 지키면서도 생과 사를 마주하지 않고 일할 수 있겠다는 생각이 들었다. 그렇게 임용고시를 준비하기 시작했다. 혼자 집에서 강의를 들으며 공부했고 마침내 합격했다. 기쁨을 감출 수 없어 아버지께 전화를 걸었다. "아빠, 나 임용고시 합격했어!" 그런데 돌아온 대답은 뜻밖이었다. "네가 임용 공부를 했다고? 일 그만두고 집에서 뭔가 하긴 하던데……. 난 그냥 보건소 공무원 시험 보는 줄 알았지. 보건교사면 학교에 있는 양호 선생님이라?" 나는 경상도 출신에 아버지와도 쉽게 속내를 나누지 않던, 소위 말하는 K-장녀였다.

그렇게 보건교사가 되었지만 막상 학교에 발령받고 나니 직장생활이 쉽지 않다는 걸 깨달았다. "공부가 세상에서 제일 쉬웠어요."라는 말이 와닿았다. 병원에서는 미우나 고우나 내 편이 되어주는 선배 간호사들이 있었지만 학교에서는 나 혼자였다. 학교에 보건교사는 한 명이고 나를 보호해

줄 사람도, 내 편을 들어줄 사람도 없었다. 소통한다고 하지만 결국 "너는 B급이야."라고 규정짓고 아무런 말도 듣지 않는 분위기가 너무나 속상하고 야속했다. 논리로 설득해야 하는 상황에서 감정적 대응이 논리가 되어 나에게 화살로 돌아왔다. 너무 속상하고 억울해서 내 마음을 추스르지 못한 채 아이를 하원 시키러 어린이집에 간 적도 있었다. 담임 선생님이 깜짝 놀라 "혹시 반 친구 엄마가 속상한 말을 했나요?"하고 걱정되어 연락이 올 정도였다.

　이런 일들을 겪으면서 이제는 나의 품위를 잃지 않기 위해 노력하고 있다. 나를 인정하려고 하지 않는 사람들에게 굳이 이해받으려 애쓸 필요가 없다는 것을 깨달았다. 가장 중요한 건 나 자신과 나의 전문성, 그리고 항상 내편인 가족이다. 나의 기준을 세우고 내 아이 앞에서도 한 점 부끄럼 없는 어른이 되자는 것이 일터에서의 신념이다.
　아직은 보건교사로서 행복하다고 확신할 수 없지만 학생들의 건강을 지키고 내 아이 앞에서 부끄럽지 않은 좋은 어른이 되기 위해 한 걸음씩 나아가고 있다.

## 희미한 빛이라도 힘이 된다면

_김소민

새벽 내내 비가 내린 어느 아침, 온 도시가 짙은 안개에 잠겼다. 출근길을 걱정하며 평소보다 일찍 집을 나선다. 싸늘한 공기가 두꺼운 패딩을 뚫고 피부에 닿았다. 희뿌연 안개에 차선도, 시야도 모두 흐릿하다. 조심스럽게 브레이크에서 발을 떼고 움직여 보지만 막막한 마음이 앞선다. 이때 앞서가는 차의 희미한 안개등은 반가운 길잡이다. 그 작은 빛에 의지하며 천천히 가다 보니 어느새 학교 앞에 와 있었다.

오전 9시, 학생이 보건실 문을 열고 들어왔다. 작년에 위기관리위원회를 열었던 학생이다. 학생의 자해 상황을 인지한 상담 교사가 위원회를 개최했고, 나는 위원 중 한 명으로 참석했었다. 학생의 왼쪽 손목 위로, 날카로운 물건에 긁힌 상처가 보인다.

"어쩌다 그랬어?"

"그냥, 못에 긁혔어요."

상처는 깊지 않았지만, 이전에 학생이 갖고 있던 상처와 비슷한 모양이었다. 못에 긁혔다는 말을 곧이곧대로 믿어야 하나 고민하며 처치를 마친 후 학생을 교실로 돌려보냈다.

자해는 자살하려는 의도보다는 자신의 부정적인 느낌을 해소하기 위한 목적이 크다. 하지만 행위 자체가 자기 파괴적이며, 과도해지면 위험에 빠질 수 있기 때문에 주변에서 관심을 두고 세심하게 관찰하는 것이 중요하다. 학생의 현재 상태에 대해 공유하고, 상황을 정확히 확인하기 위해 학교 메신저에서 담임교사의 이름을 찾아 메시지를 보낸다. 문득, 병원에서 만났던 환자가 떠올랐다.

중환자실에서 근무한 나는 생과 사의 경계에 선 환자들을 매일 보곤 했다. 대부분 기저질환 합병증으로 입원한 고령의 환자였지만 젊은 환자도 적지 않았다. 이들은 질환보다 자살 사고로 온 경우가 많았다. 15세 여학생이 응급수술을 마친 뒤 중환자실에 왔다. 엄마와 싸우고 아파트 15층 집 베란다 창문에서 뛰어내렸다고 했다. 왼쪽 팔, 골반, 양쪽 다리가 산산조각이 났지만, 다행히 목숨을 건질 수 있었다. 어린 나이 덕분인지 회복도 빨랐다. 수술이 끝나고 얼마 지나지 않아 인공호흡기를 제거하고 보호자와 첫 면회를 할 수 있었다. 면회가 시작되자 학생의 부모와 동생이 들어왔다. 딸의 얼굴을 마주한 어머니의 목소리가 중환자실을 쩌렁쩌렁하게 울렸다. 첫 마디는 충격적이었다.

"네 인생 어떡할래? 다른 애들 다 고등학교 가고 대학도 갈 텐데, 어떻게 할 거냐고!"

환자는 앞으로 몇 번의 수술을 더 받아야 했다. 기약 없는 병원 생활이 이어지면 유급을 면치 못하기 때문에 남들보다 최소 1년은 늦어진다는 게 이유였다. 아버지는 하반신 전체를 깁스한 채 누워있는 딸의 다리를 툭툭 건드리며 "야, 아프냐? 아파?"라고 조롱했다. 어린 동생이 안절부절못하며 누나의 눈치를 살폈다.

환자를 받을 때 무심코 '왜 이렇게 철없는 짓을 했을까.'라고 생각했다. 하지만 면회가 끝난 뒤 그런 생각을 했던 것이 아이에게 정말 미안했다. 딸의 얼굴을 다신 볼 수 없었을지도 모를 끔찍한 사고였는데, 너무 놀란 나머지 적절한 반응을 찾지 못한 걸까? 아무리 생각해도 보호자를 이해하기 어려웠다. 나와 대화할 수 있을 정도로 컨디션이 좋았던 아이는 면회가 끝날 때까지 눈을 감고 부모가 묻는 말에 아무 대답도 하지 않았다. 20분간의 짧은 면회는 아이에게 너무 긴 시간인 것 같았다.

10여 년이 지난 지금, 대학을 졸업하고 사회인이 됐을 아이를 상상해 본다. 어떻게 지냈을지, 부모님과 관계는 회복했을지, 잘 자랐을지 궁금하다. 아니, 살았지만 죽어가는 것 같던 그 아이가 짙은 안개를 무사히 지나 현재를 잘 살아 내고 있는지 궁금한 것이 맞겠다.

메시지를 보내고 조금 뒤 담임교사에게 답장이 왔다. 보호자에게 확인해 보니 실수로 못에 긁힌 것이 맞다고 했다. 다행이었다.

안개는 영원하지 않다. 지금은 눈을 가리고 움츠러들게 만들지만 언젠가 태양이 높이 뜨면 짙은 안개도 사라질 것이다. 다만, 안갯속에서 길을 잃거나 다치지 않도록 도움이 필요하다. 앞이 보이지 않아 주저앉고 싶을 때 누군가의 희미한 빛 한 줄기는 안개를 헤치고 목적지에 다다를 수 있게 만드는 강한 힘이 된다. 이것은 안갯속을 먼저 지나온 사람만이 해줄 수 있는 배려이자 사랑이다. 안갯속에 갇혀 헤매는 아이들에게 앞서가 본 사람으로서, 길잡이로서 등을 비춰줄 수 있는 교사가 되고 싶다.

# 4

# 별들은 검은 밤하늘 덕분에 더 빛난다

_이고운

어른이 되어 다시 돌아온 학교는 참 기묘하다.

서로 다른 전공과 삶의 궤적을 지닌 어른들이 '교육'이라는 이름 아래 모여 각자의 방식과 속도로 아이들과 함께 매일을 보내는 곳, 그곳이 바로 학교다.

그곳에서 보건교사는 때때로 '한 명이면서 전체'인 존재이다.

모든 보건교사는 어떠한 학교에 소속되어 있는 교육공동체의 일원이다. 그러나 그 집단 안에서 보건교사로서 같은 일의 경험을 공유할 수 있는 동료를 찾을 수는 없다. (일반적으로 한 학교에 한 명의 보건교사가 배치된다.) 그러다 보니 공감대 형성의 한계가 생긴다. 비교과라는 소수 직렬에 속하다 보니 의견을 내는 일도 때때로 쉽지 않다.

"우리 학교 참 좋은 학교입니다."라는 명제에서 구성원으로서 나는 배제되는 것 같은 이상한 느낌이 들 때, 좋은 게 좋은 거라며 넘어갈 수도 있었다. 하지만 나의 선택이 보건교사라는 집단의 대표 선택이 될 수도 있기에, 조심스럽게 의문을 제기하고 이야기를 풀어내었던 나.

아이들을 위해 또 직업인으로서 합리적인 의사결정을 위해 정당한 요구를 한다. 교섭하고 타협하는 과정을 통해 주체적으로 선택하고 단단하게 결정해 나가는 태도의 참된 가치를 성인이 되어 다시 찾은 학교에서 배웠다.

20대 후반 한창 소개팅을 많이 하던 시절에 보건교사라는 직업을 밝히면 다양한 보건교사의 정의를 들을 수 있었다. 병원보다 편한 워라밸, 밴드만 붙여줘서 지루한 보건교사, 혼자 있어서 심심한 보건교사, 수업도 없고 담임 안 해서 좋은 보건교사…….

사람들은 보건교사가 어떤 일을 하는지 잘 모른다.

사실, 나조차도 이 길을 걷기 전엔 잘 몰랐다.

지금 나는 수업도 하고 보건실에서 아픈 아이들도 돌보는 보건교사다.

다양한 주제로 수업을 준비하고 시도해 보기도 하고, 쉬는 시간마다 이어지는 축구 리그에서 다친 종아리를 치료받기 위해 줄을 서는 아이들을 살피고, 금연 상담인지 인생 상담인지 구분할 수 없는 시간을 보내며 보건실 문을 열어 둔다.

우리의 하루는 생각보다 더 섬세하고, 더 촘촘하며, 무엇보다 인간적인 고민으로 가득하다.

보건 사업을 통해 학교 밖의 다양한 사람들을 만나고, 교실과 보건실 안팎에서 수많은 학생과 동료 교사들을 만나며 모두가 연결되어 있음을 느낀다.

내가 공부한 의료적 지식과 간호사로서의 경험이 학교 구성원들에게 작지만 꼭 필요한 도움이 되었을 때, 보건 수업을 통해 아이들과 눈을 마주치며 소통할 때 도파민이 터진다.

이 직업의 가장 깊은 매력은 보건실이라는, 누구나 힘들 땐 잠시 쉬어가도 괜찮은 공간에서 비롯된다. 그 공간에서 학생과 선생님들을 한 사람씩 마주하며 작은 말 한마디, 눈빛으로 교감하고 소소한 일상을 나누는 시간이 보잘것없는 내 삶을 특별하게 만든다.

사막의 별들은 깊고 검은 밤하늘 덕분에 더 빛난다. 나와 마주하는 아이들. 그 별들이 서로에게는 소중한 조연으로, 각자의 인생에서는 유일무이한 주연으로 빛나는 12년의 여정에서 나는 그럴듯한 밤하늘이 되어주고 싶다.

힘들 땐 잠시 쉬어도 괜찮은 이곳, 학교의 보건실에서.

## 나름 세심함을 발휘 중입니다
_임유나

한 녀석이 동글동글 학교 안을 굴러다니다가 보건실로 들어왔다.

"어, 왔냐?"

이 시간이면 6교시가 이미 시작되었을 텐데 어김없이 보건실 안으로 자석처럼 끌려 들어온다. 보건실에 안 오면 그날 등교를 하지 않은 것이니 일단, 얼굴을 본 것만으로도 안도한다.

"6교시 뭔데? 실과야?"

"네, 재미없어요."

실과 시간마다 보건실에 오는데, 이유를 들어보니 그 수업에선 친구들과 팀을 이뤄 무언가를 만들어야 한다는 것이다. 그것을 피해 보건실로 온 것이다. 자신은 다른 사람과 함께 뭘 하는 게 싫다고 한다.

"○○이 오늘 몇 시에 학교 왔니?"

"한…… 12시 30분 정도에 왔어요. 학교에서 조금 이따 보니 밥 시간이 돼서 점심 먹었어요."

"그래, 밥 먹었으면 됐다. 어제도 아빠 일 도와드리다가 늦게 잤구나?"
"네, 아빠가 깨운다고 깨웠는데 제대로 안 깨워서 못 일어났어요."

목요일에 학생들과 활동하려고 씻어 놓은 바다 유리가 눈에 띄었다. 손으로 만드는 것에 집중을 잘하는 아이라 그것을 건넸다.
"바다 유리에 그림을 그려서 자석을 만드는 거야. 한번 해볼래?"
내가 만든 것을 예시로 보여주자 머뭇거림 없이 작품을 만들어낸다. 단순한데 감각이 돋보인다. 이전엔 지우개로 돼지를 조각해서 가져왔는데, 도구를 다루는 손끝이 섬세하다고 생각했다. 오랜 시간 보건실에 있는 것이 멋쩍었는지, "선생님이 일도 하셔야 하고. 제가 계속 여기 있는 건 아닌 것 같고……." 하며 쭈뼛거린다.
"그래, 그럼 교실로 가봐."
수업 종료 10분 전이었다.

내 손으로 처리하면 빨리 마칠 수 있는 일을 그냥 둔다. 아이들의 손이 타면 망가지고, 두 번의 수고를 더해야 한다. 그럼에도 불구하고 자기 손으로 무언가를 만들어내고 소음과 온갖 자극에서 벗어나 몰입할 수 있는 시간을 남겨둔다. 이런 일들을 하는 것은 아이의 선택이지만 학교가 '무료하다'든가, 본인이 '무가치하다'는 감각을 느끼지 않도록 나름의 세심함을 발휘하고 있다.

# 다정함은 결코 사소하지 않다

_이슬기

 시골 작은 학교의 보건교사로 근무하던 첫날, 복도에서 마주친 학생이 환하게 웃어주며 '안녕하세요!'라고 인사하던 장면이 아직도 선명하게 기억난다. 처음 보는 낯선 선생님에게도 다정한 미소로 인사를 건네던 그 학생이 참 고마웠다. 가뜩이나 첫 근무라 잔뜩 긴장하고 복도를 지나고 있었는데 그 학생의 다정한 한마디가 얼어있던 마음을 살짝 녹여주었다.

 나는 다정함의 힘을 믿는다. 사람들과의 상호 작용이 적고 친밀감이 결핍된 사람들은 정신적 건강뿐만 아니라 실제로 신체적 건강이 악화된다는 뉴스 기사를 본 적이 있다. 사람이 건강하고 행복하게 살아가기 위해서는 결국 '사람'이라는 존재가 필수적이다.
 브라이언 헤어의 『다정한 것이 살아남는다』에서는, 다른 인류 종이 멸종하는 와중에 호모 사피엔스가 번성한 이유가 '초강력 인지 능력인 친화력', 즉 다정함에 있다고 설명한다. 이러한 다정함은 상대방을 존중하고 배려하는 마음에서 시작된다고 생각한다. 상대에게 자기 생각이나 감정을 강요하지 않는 것, 선택권을 주는 것, 고유한 개성을 인정하고 존중하는 것 역시 다정한 사람의 태도다. 다정한 말 한마디는 대체로 소소하고 별거 아닌 듯 보이지만, 삶에 지친 사람에게는 크고 깊은 울림이 될 수 있다.

보건실을 찾는 학생들은 몸이 아픈 경우도 있지만, 실제로는 마음이 아픈 경우가 더 많다. 학생들은 가정, 학교, 사회 안에서 복잡한 관계 속에 놓이고, 그 안에서 끊임없이 부딪히고 고민하는 나날들을 살아간다. 학생들에게 실질적인 도움을 주고 싶었지만, 보건교사 혼자만의 노력으로는 단번에 해결할 수 없는 경우가 대부분이었다. 직접적인 해결은 어려울지라도, 다정한 눈빛과 목소리로 학생들의 이야기에 귀 기울이고자 했다. 누군가 진심으로 자신을 이해하고 믿어주는 경험은, 학생들에게 큰 위로이자 치유가 될 수 있다는 걸 깨달았다. 하지만 우리가 살아가는 현실에서는 다정함을 유지하는 것이 어려운 경우도 많다.

신규 시절 근무하던 고등학교에 학교생활을 불성실하게 하는 학생이 있었다. 보건실에도 자주 찾아왔고, 자연스럽게 이야기를 나누다 가정불화와 어려운 형편 속에서 힘들게 지내고 있다는 사실을 알게 되었다. 매일 방과 후에는 아르바이트를 하며 하루하루를 버티고 있다고 했다. 안쓰러운 마음에 보건실에 올 때마다 이야기를 잘 들어주고 학교생활을 더 성실하게 해보자고 용기를 주기도 했었다. 작은 시골 학교라 대부분의 교사들이 모든 학생들과 어느 정도 라포를 형성하고 있었고, 나뿐 아니라 다른 선생님들도 그 학생에게 관심을 갖고 학교생활을 돕고자 애썼다.

그러던 어느 날, 상담 선생님이 찾아오셨다. 그 학생이 가해자로 지목된 학교 폭력 사건이 발생했고, 나와 논의가 필요하다고 하셨다. 상담 선생님께 전해 들은 사안은 생각보다 큰 사안이었다. 피해 학생이 걱정되는 마음과 가해 학생의 잘못된 행동을 듣고 실망스러운 마음이 밀려왔다. 앞으로 그 학생을 마주했을 때 나는 어떤 태도로 학생을 지도해야 하는 건지 고민이 되었다. 그 학생에게 잘못을 단호히 설명하고 지도하는 것 또한 '다정한 태도'일 수 있다는 생각이 들었다. 다정함을 잃지 않되, 교사로서의 권위를 지키며 단호함과 다정함의 균형을 유지하는 것이 필요했던 것이다.

다정함만으로 세상을 바꿀 수는 없을지도 모른다. 하지만 다정한 말 한 마디, 따뜻한 시선 하나는 누군가의 삶을 지탱해주는 힘이 될 수 있다고 믿는다. 타인의 아픔에 손을 내밀고, 조심스럽게 안부를 묻고, 말없이 곁을 지켜주는 순간들 속에 다정함은 자라난다. 때로는 거창한 해결책보다 진심 어린 공감이 더 큰 위로가 되기도 한다. 다정함은 작고 조용하지만, 가장 오래 남고 깊이 스며드는 힘이다. 그리고 나는 그 힘을 믿는다.

사랑은 불행을 막지 못하지만, 회복의 자리에서 우리를 기다린다.

- 유선애, 『우리가 사랑한 내일들』

4부 감자보건실은 오늘도 다정한 영업 중

# 선생님 꿈은 뭐예요?
_도현미

아들이 초등학교를 졸업했다. 졸업식 날, 담임 선생님께서는 올 한 해 해 보고 싶었던 활동을 후회 없이 다 해본 것 같다고 말씀하셨다. 정말 그랬다. 수학여행과 졸업식 준비만으로도 벅찬 시기였을 텐데, 같은 학년 선생님들과 함께 글쓰기, 전통 놀이 대회, 체육·요리 학급 대항전까지 다양한 활동을 기획하고 진행하셨다. 활동이 하나 끝날 때마다 나는 감탄하곤 했다. "선생님들 정말 대단하시다." 내가 더욱 감동했던 것은 아이들이 하교한 후에, 오늘 학급의 칭찬할 점과 다음 날 있을 학급 활동을 위해 필요한 마음의 준비까지 알려 주셨다는 것이다. 애정과 열정이 없다면 할 수 없는 일이다. 졸업식 날, 꽃다발을 건네며 진심으로 감사를 전하자 선생님은 환하게 웃으셨다. 그 미소가 빛났다.

가끔 나는 학교에서 만난 교사들을 나만의 기준으로 나누어 본다.

첫째, 맡은 일은 잘하지만, 그 이상은 하지 않는 교사.

둘째, 맡은 일조차 미루거나 남에게 떠넘기는 교사.

그리고 마지막은 아이들에게 온 마음을 다하고, 새로운 도전의 기회를 주는 교사다. 이들은 동료에게도 긍정적인 영향을 준다. 고맙게도 최근에 만난 많은 선생님이 마지막 유형에 속했다. 아들의 담임 선생님도 분명 그중 한 분이다. 이런 분들을 보면 나도 그 열정에 물드는 것 같다. 어쩌면 열정은 조용히 전염되는 마음일지도 모르겠다.

하지만 나는 원래 학교를 좋아하지 않았다. 정확히 말하면, 싫어했다. 고향에서 초등학교를 다니던 시절, 선생님에 대한 기억이 거의 없다. 유일하게 떠오르는 이는 6학년 담임 선생님이다.

당시 반에서 가장 키가 작았던 나는 교실 맨 앞에 앉았고, 선생님의 책상은 교실의 맨 뒤였다. 지금 생각해 보면 참 이상한 구조다. 선생님은 유독 반에서 가장 키 컸던 여자아이를 예뻐했다. 자주 본인의 자리로 불렀고, 그럴 때면 우리에게 무엇인가를 조용히 고개 숙여서 하도록 했다. 어느 날, 나는 보고 싶지 않은 장면을 보고 말았다. 무심코 뒤를 돌아보다 선생님의 손이 그 아이의 치마로 들어가는 것을 보고 말았다. 그 순간, 말문이 막혔다. 무엇이 잘못된 건지 정확히는 몰랐지만, 불편하고 답답한, 이상하다는 감정은 분명했다.

쉬는 시간, 교사 휴게실에서 옆 반 남선생님과 함께 그 아이를 부르던 모습도 생각난다. 친구들과 "이상한 사람."이라고 말하긴 했지만, 우리가 할 수 있는 일은 없다고 생각했다. 어른이 되고 나서 그때의 기억이 다시 떠올랐다. 스승의 날, 차 트렁크에 선물을 가득 싣고 은니가 반짝이도록 웃던 모습이 아직도 소름이 끼치도록 생생하다. 그 아이는 잊었을까. '성폭력, 성추행'이라는 단어조차 낯설던 시절이었지만, 그 아이에게 든든한 주변인이 되어주지 못했던 것이 지금도 미안하다. 스쿨 미투로 사회가 들썩이던 시절, 십수 년 전의 그 일이 수면 위로 떠오르기를 내심 바랐다. 하지만 당사자가 아닌 내가 먼저 이야기를 꺼내는 것이 그 친구에게 오히려 상처가 될 것 같아 말할 수 없었다. 중·고등학교 시절도 크게 다르지 않았다. 차갑게 들릴지 모르겠지만, 내 기억 속 학교에는 '어른'이 없었다.

그런 나에게 가족과 친척들은 교사가 되어보라 권했다. 나에게 무엇을 하라 말라 한 번도 말씀하지 않으셨던 할머니께서도 "니는 몸도 약하고 하니 스생님 해래이." 하셨다. 하지만 나는 지독히도 학교가 싫었다. 그 안의 어른들이 싫었다. 그래서 집에서는 '선생님'이라는 말도 꺼내지 못하게 했다. 그런데 지금, 나는 학교에 있다. 몇 해 전 한 아이가 물었다.

"선생님 꿈은 뭐예요?"

그 순간 오래된 기억들이 떠올랐다. 나는 대답했다.

"음…. 선생님 꿈은… 좋은 어른?"

왜 다시 학교에 왔을까? 어쩌면 나는, 내게는 나타나 주지 않았던 학교 속의 어른이 되고 싶었던 건지도 모르겠다. 내가 위로받고 싶었던, 내 편이 되어주는 그런 어른. 학교 안에서 열정을 잃지 않고 살아가는 사람. 나는 그런 '좋은 어른'이 되고 싶다.

# 담배라는 단어 말고 이 단어
_김영미

우리는 가슴을 뛰게 하는 단어를 가지고 살고 있는가?

케빈 홀은 『겐샤이』라는 책에서 '열정'이라는 단어에 대해 '삶의 목적과 의미를 발견하기 위해 한 사람이 다른 누군가를 위해 행하는 영웅적이고 이타적인 행동'이라고 설명하고 있다. 그리고 '교사, 작가, 간호사 등은 자비심과 열정을 갖고 다른 사람의 삶을 풍요롭게 하고 넓혀 주는 사람들'이라고도 하고 있다.

'도전과 열정'이라는 단어는 7년 동안 일했던 병원의 슬로건이었다. 그땐 젊었기에 하루하루가 도전이었고 매일 열정을 쏟으며 살았다. 그 마음의 시작은 병원 입사 합격 통지를 받았을 때부터였다. '날개를 다는구나.' 하고 가슴 뛰던 마음이 7년 동안 계속 이어진 것이다. 병원을 그만두고 선택한 학교 환경은 혼자 일하는 어려움과 적응되지 않는 업무 시스템으로 날개가 조금씩 꺾여갔다. 학교 업무는 관심을 보이면 나의 일이 되어 돌아왔고 주위에서는 열정 부리지 말고 간호사가 아닌 공무원처럼 일하라고 했다.

하지만 지금의 학교에 오면서 마음이 차츰 바뀌었다. 우리 학교 아이들은 보건실에 들어서면 세 번 넘게 인사한다. 보건실에 들어올 때, 처치 받고 나서, 보건실을 나갈 때 세 번 넘게 고개 숙여 인사하는 아이들. 여분 밴드를 주면 고맙다고 하는 아이들이 있는 학교. 선생님들도 이렇게 예쁜 아이들과 함께하니 마음이 행복하고 여유롭다고 한다. 보건교사는 학생들과 선생님들이 여유로워지면 덩달아 함께 여유로워지고 열정이 살아난다. 나의 가슴을 뛰게 하는 단어는 여전히 '열정'이다. 아이들 또한 그런 단어 하나쯤 가슴에 담았으면 좋겠다는 마음으로 흡연 예방 교육과 엮어 행사를 기획했다.

- 담배라는 단어 대신 가슴을 뛰게 하는 단어 찾기 후 건강 간식 나눔 -

고등학생들의 답을 보면,

* 사탕: 담배로 인한 금단 증상을 사탕으로 이겨 낼 수 있어서
* 집: 일주일이 너무 깁니다. 그러나 집에 있을 수 있는 날은 이틀뿐. 소중하게 여기게 되는 장소
* 합격: 강원애니고에 합격했던 때가 떠올라 설레고 가슴이 뛴다. 그리

고 계속 듣고 싶다.

* 완성: 무언가를 끝냈을 때의 성취감을 느낄 수 있어서
* 용서: 인간이라면 가장 필요한 '인간성'을 나타낼 수 있어서
* 친구: 요즘에 힘이 되는 건 학교 친구라서
* 1402: 환율이 오르면 가슴이 뛴다. (고등학생이 환율에 관심을 가진다고? 아이를 불러 물어보니, 커미션을 받고 그림 작업을 하는 경우도 있는데, 외국 작품을 할 때는 달러로 받는다고 한다.)
* 봄바람: 사계절의 시작
* 정식 연재: 정식 연재하고 싶어서
* 청춘: '푸를 청, 봄 춘' 생각만 해도 가슴이 뛴다.
* 사랑: 사랑이 생기면 마음이 활기차게 되고 설레기 때문이다.
* 자유, 용기: 원하는 일을 모두 이룰 수 있기에
* 똥: 더러워서 가슴이 뛴다.

행사 후 간식은 학교 주변 떡집에서 갓 만들어 온 따끈하고 말랑한 가래떡 두 줄과 따뜻한 옥수수 차다. 때론 떡을 싸 먹을 수 있게 도시락 김을 함께 제공하기도 한다. 오늘 맛본, 부드럽게 치즈처럼 늘어나는 가래떡의 느낌이 담배의 니코틴보다 가슴을 뛰게 하는 도파민의 기억으로 남아 있길 바라는 마음이다.

우리 모두 마음속에 담배라는 단어 말고 '청춘의 봄바람'처럼 가슴을 뛰게 할 단어 하나 간직해 보길 바란다.

# 누군가의 하루를 살리는 따뜻함

_한지윤

길을 걷다 우연히 마주친 사람이 미소를 지어 보이면 그날 하루가 조금은 따뜻하게 느껴진다. 그 사람이 내 이름을 아는 것도 아니고, 다시 만날 일도 없을 텐데 말이다. 왜일까, 그 따뜻한 찰나의 순간이 마음에 남는다. 그 작은 친절이, 예고 없이 들이닥치는 하루의 무게를 잠시나마 덜어주곤 한다.

스페인을 여행하면서 가장 크게 와닿았던 것은 의외로 길 위의 친절함이었다. 슈퍼마켓 계산대, 작은 빵집의 카운터, 레스토랑의 서빙 직원들이 기계적이지 않게 인사를 건네고, 눈을 맞추고, 작은 미소를 주고받는 것. 아주 간단한 일인데도 그것만으로 기분이 좋아졌다.

어느 날은 호텔 바에서 와인을 마시고 있었다. 바쁜 시간대였는지 서버는 쉴 틈 없이 움직였다. 땀을 뻘뻘 흘리는데 휴지로 닦을 시간조차 없어 보였다. 와인 한 잔, 안주 하나 시키는 것도 미안할 정도였지만 그는 매 순간 친절하게 응대해 주었다. 분명 힘들 텐데, 바쁜 와중에도 미소를 잃지 않았다. 한국에서는 음식을 기다리기 싫어 출발할 때 미리 전화해서 주문해 두는 성격 급한 내가, 와인과 안주가 천천히 나와도 상관없어질 정도였으니 말이다. 이 '친절함'은 훗날 스페인을 떠올릴 때마다 행복감에 젖게 하고, 그 나라 자체를 사랑하게 만들 만큼 효과가 대단했다.

이런 이유 없는 친절 속에서 나는 그 따스함이 누군가의 하루를 살리는 순간이 될 수 있다는 것을 깨달았다. 여행자로서 낯선 곳에 서 있을 때, 길을 묻거나 계산을 마칠 때, 버스를 기다릴 때. 그 순간마다 누군가의 미소와 친절한 한마디가 불안했던 마음을 편안하게 가라앉혀 주었다.

학교로 돌아와 다시 익숙한 일상을 맞이했을 때, 곰곰이 나도 그렇게 따뜻하게 살아가고 싶다는 생각을 했다. 물론 모든 순간에 친절하기란 어렵겠지만, 그렇다고 무례하고 불친절할 필요는 없으니 말이다. 업무가 바쁘다는 이유로, 낯설다는 이유로 무표정한 모습보다는 조금이라도 친절한 사람이 되기로 다짐했다. 이미 나는 친절한 한마디가 사람을 살릴 수도, 반대로 깊이 마음을 벨 수도 있음을 알아버렸기에. 나는 적어도, 내 말과 태도가 누군가의 하루를 무겁게 만들지는 않기를 바랐다.

꾀병으로 찾아오는 아이든, 지겨울 만큼 매일 찾아오는 단골이든, 나를 필요로 해서 보건실에 오는 모든 아이들에게 조금이나마 따뜻함을 전할 수 있다면 좋겠다. 때론 그 따스함이 농담 한 스푼일 수도, 물 한 잔 건네는 일일 수도, 마음을 알아주는 일일 수도 있겠지만…. 아이들이 나의 따뜻함을 통해 행복을 느낀다면, 그 경험 덕분에 아이들이 훗날 다른 사람에게 기꺼이 손 내밀어주는 사람으로 성장하지 않을까 기대해본다.

이렇게 우리가 서로에게 따뜻해진다면 내가 그 '거창하지 않은 따뜻함' 덕분에 스페인이라는 나라를 사랑하게 되었던 것처럼, 우리는 서로를 싫어하고 미워하기보다는 서로를 사랑하고 세상을 사랑하며 살 수 있지 않을까?

누군가의 온기로 인하여 나도 그런 사람이 되고 싶어졌으니. 세상이 불친절하다 해도, 적어도 나는 그런 사람이 되지 않기로 먼저 인사하고 미소 지어 봐야겠다. 그것이 내가 배운 가장 쉬운 따뜻함이니까.

# 나를 찾아가는 10년의 여정

_곽효연

'나는 왜 편하게 살려고 하지 않는 걸까?', '나는 왜 이 나이에 임용고시를 준비하고 있는 걸까?' 임용고시를 준비하며 힘들 때마다 스스로에게 던진 질문이다. 나는 늘 현실에 안주하지 않고 새로운 도전을 해왔던 것 같다. 여러 분야에서 일하며 나에게 맞는 일을 찾기 위해 끊임없이 고민하였고 그 과정에서 자연스럽게 성장했으며, 값진 경험들도 많이 쌓을 수 있었다.

나는 보건 수업 첫 시간에 항상 학생들에게 나의 경력을 소개하는 시간을 갖는다. 다양한 직장에서 일했던 나의 경력을 퀴즈 형식으로 맞혀보게 하면 학생들은 예상 밖의 답을 접하며 흥미를 갖는다. 학생들은 '간호사가 이런 일도 했을까?'라는 호기심에 적극적으로 참여한다. 그렇게 수업을 시작하고 나면, 나의 지난 시간이 영화처럼 스쳐 지나간다.

10여 년 전 봄, 평소와는 다르게 검은색 원피스에 핑크색 재킷을 차려입고 출근했던 외과계 중환자실에서의 마지막 날은 아직도 어제 일처럼 생생하다. 동료 선생님들이 써 준 롤링 페이퍼와 선물을 건네받고 신촌의 이른 봄기운을 느끼며 퇴근하던 길, 프리셉터 선생님께서 보내주신 "그동안 수고했어요."라는 문자 한 줄에 괜히 눈물이 핑 돌았다. 대학 시절 꿈꾸었던 병원에서 일하게 되어 너무 좋았지만 3교대 근무와 중환자실의 급박한 상황이 큰 스트레스가 되었고 건강도 안 좋아졌다. 대학병원 간호사라는 나의 직업을 자랑스러워하셨던 부모님께는 죄송스러웠지만 건강한 몸과 즐거운 마음으로 오래 일할 수 있는 직장을 찾기 위해 결국 퇴사를 결심하게 되었다.

그 후 나는 나에게 맞는 직장을 찾기 위해 입사와 퇴사를 반복하는 여정을 시작했다. 처음에는 보험 심사 간호사를 목표로 관련 강의를 수강하고 보험 회사에서 단기 아르바이트를 하며 경험을 쌓았다. 하지만 막상 해보니 나와는 잘 맞지 않는다는 생각이 들었고, 결국 다른 길을 모색하게 되었다. 이후엔 임산부 관련 약물을 연구하는 센터에서 연구 간호사로 일했지만, 비정규직이라는 불안정한 근무 조건과 육아 문제가 겹치면서 결국 퇴사를 선택할 수밖에 없었다. 퇴사 후 몇 년 동안은 아이를 돌보며 육아에 집중했지만, 마음 한편으로는 다시 현장에 나가고 싶은 마음을 놓지 못해 간호사 취업 사이트를 꾸준히 살펴보며 기회를 엿보았다.

그러던 중 건강 검진 센터의 시간제 간호사 자리를 알게 되었고, 육아와 병행할 수 있을 거라는 기대를 안고 다시 일을 시작했다. 그러나 주 6일 근무에 아이가 아파도 휴가를 쉽게 낼 수 없는 근무 환경은 생각보다 훨씬 부담스러웠고 결국 한 달 만에 그만둘 수밖에 없었다. 그 후엔 대학병원에서 상근직 간호사로 일하게 되었고 복막투석 환자 교육 업무를 맡으며 점차 자리를 잡아갔다. 하지만 이전에 근무했던 대학병원의 시스템이나 복지 측면에서의 차이가 계속 마음에 걸렸다. 응급 상황이 발생할 때마다 육아와 일을 동시에 감당해야 한다는 부담도 점점 커지면서 다시 퇴사를 고민하게 되었다.

이런 과정을 거치며 교직에 있는 가족들의 권유로 '보건교사'라는 직업이 자연스럽게 눈에 들어왔다. 하지만 임용고시라는 현실적인 벽과 학교라는 새로운 환경에서의 업무가 나에게 맞을지에 대한 망설임도 컸다. 그럼에도 불구하고 나의 경력과 경험을 가장 잘 살릴 수 있는 곳이 학교라는 생각이 점점 확고해졌다. 결국 나는 보건교사가 되기로 결심했다. 한참을 돌아 늦은 나이에 시작한 공부는 쉽지 않았고 몸도 마음도 버거운 순간이 많았지만, 나는 매 순간 최선을 다해 공부했다. 결국 임용고시에 합격했고, 오랜 시간 나만의 길을 찾아 헤매던 끝에 '보건교사'라는 이름으로 서게 되었다.

40세, 새로운 인생이 시작되었다. 보건교사가 되기까지 10년이라는 시간이 걸렸고 그동안 여러 직장을 거치며 많은 고민과 도전을 반복했다. 그리고 그 모든 여정 속에서 언제나 곁을 지켜준 남편과 가족들의 지지가 있었기에 내가 여기까지 올 수 있었다. 응급 상황이 발생하면 병원만큼이나 긴박한 순간들도 있지만 이제는 학생들과 함께하는 하루하루에서 보람과 의미를 느낀다. 더 나은 보건교사가 되기 위해, 현실에 머무르지 않기 위해. 나는 계속해서 배우고 도전하며 나만의 길을 만들어가고 있다. 앞으로도 나는 새로운 도전과 성장을 향한 이 여정을 멈추지 않을 것이다.

# 후배 보건교사에게 전하는 25가지 마음

_조서윤

학교에서 혼자 보건실을 감당한다는 것은 실로 어마어마한 일입니다. 병원 간호사보다 낫겠지 싶어 학교로 왔지만, 이곳은 쉽게 올 수 없는 자리입니다. 치열한 경쟁률을 뚫고, 보건실 하나를 지키기 위해 오늘도 애쓰고 있는 당신. 행복한 보건교사로 살아가려면 어떻게 해야 할까요? 함께 고민해 보고 싶습니다.

### 1. 누구에게라도 먼저 인사하세요.
따뜻한 인사는 좋은 관계의 시작입니다.

### 2. 화내서 해결될 일 없습니다.
다정함은 살아남을 수 있는 가장 강력한 무기입니다.

### 3. 보건교사가 행복해야 학생도 행복합니다.

보건실은 당신이 아니면 운영되지 않습니다.

### 4. 건강을 챙기세요.

아프면 그 손해는 온전히 나의 몫입니다.

### 5. 학교에서 좋은 사람, 한 명이면 충분합니다.

마음 터놓고 이야기할 수 있는 사람을 꼭 찾아보세요.

### 6. 보건교사 업무의 범위는 한계가 없고, 다양합니다.

모든 보건교사가 똑같은 일을 하고 있지는 않아요.

### 7. 공문과 매뉴얼을 꼼꼼히 읽고 익히세요.

작은 문서 하나가 큰 차이를 만들기도 합니다.

### 8. 계속 공부하세요.

읽고, 쓰고, 생각하는 시간, 혼자만의 시간을 충분히 가지세요. 대학원 진학, 악기 연주, 자격증 취득도 좋습니다.

### 9. 보건실은 등교 10~15분 전 '스탠바이' 하십시오.

약품과 드레싱 준비를 마치고 학생을 맞이하세요.

### 10. 보건실은 다양한 사람들이 드나드는 공간입니다.

청결과 정리정돈은 기본입니다.

### 11. 보건실 꽃병 하나가 마음을 안정시켜 줄 수 있습니다.

### 12. 기록은 기억을 지배합니다.

보건일지를 정확하고 상세하게 작성하세요. (SOAP 기록법 등)

### 13. 연간·월간·주간 업무 계획을 직접 보세요.

매월 월간 계획을 미리 정리해 두면 업무에 많은 도움이 됩니다.

### 14. 요보호 학생의 질병에 대해 공부해 보세요.

학부모 상담은 꼭 진행하시기 바랍니다.

### 15. '보건교사로서 하고 싶은 100가지'를 적어 보세요.

놀랍게도, 적는 대로 이루어지는 일이 많습니다.

### 16. 재테크에도 관심을 가져보세요.

종잣돈을 모아보세요. (KRX, 부동산 탐방, 경제 서적, 유튜브 등 활용 등)

### 17. 보건 외 다양한 분야의 연수와 전문가와의 연결도 시도해 보세요.

지식과 사람이 나를 성장시킵니다.

### 18. 학교 이동 시, 다음 사람을 배려하세요.

문서 정리, 청소, 인수인계는 반드시 마무리하고 떠나세요.

### 19. 관리자는 당신의 편입니다.

도움이 필요할 땐 주저 말고 요청하세요.

### 20. 모든 걸 혼자 감당하려 하지 마세요.

언제든 도움을 요청할 수 있어야 합니다.

### 21. 분기마다 약품 유통 기한과 재고를 점검하세요.

### 22. 의료기기 전시회에 참석해 새로운 장비와 용품을 직접 경험해 보세요.

### 23. 퇴근 전, 보건실을 둘러보며 하루를 마무리해 보세요.

드레싱 카트, 침상 정리, 전원코드, 시건 장치까지. (특히 방학 전엔 대청소를!)

### 24. 학교에서의 소소한 이야기를 블로그나 나만의 기록 공간에 남겨 보세요.

### 25. 무엇보다 나와 가족을 먼저 챙기세요.

내가 건강하고 행복해야 아이들도 건강해질 수 있습니다.

단단한 보건교사로, 무탈한 하루를 마무리하시길 바랍니다.

## 별책 부록 4

# 감자보건실에서 아이들에게 전하는 한마디

김영미 "할 수 있을 때 열심히 해."

시험 기간이면 새벽까지 공부하느라 속이 쓰려 보건실을 찾는 아이들이 많았던 학교에서 근무한 적이 있습니다. 그럴 때면, 짜서 먹는 약 하나를 잘라주며 "할 수 있을 때 열심히 하렴." 했더니, "네! 감사합니다." 하고 수줍어하던 아이들. 저는 학창 시절, 시험 기간에 새벽까지 만화책을 보다 학교에서 코피를 쏟은 적이 있었습니다. 친구들은 아마 제가 밤새워 공부한 줄 알았겠지만, 사실 저는 그때 정말 열심히 만화책을 봤습니다. 지금 제가 있는 학교엔 밤새 만화를 그리는 아이들이 있습니다. 공부든, 만화든, 각자의 길에서 할 수 있을 때, 마음 가는 일을 열심히 해봅시다.

> 곽효연

"조심히 다니자 제발, 다치지 않게 뛰지 말자."

체육 시간에 넘어지고, 자전거를 타다 다치고, 축구하다 무릎이 다친 아이들을 볼 때마다 마음이 철렁 내려앉습니다. 괜찮다고 웃어주지만, 자꾸만 내 아들 같아서 더 마음이 쓰입니다. 횡단보도에서 뛰지 말라고, 자전거는 조심히 타라고 잔소리처럼 말하는 것도 결국은 그 마음 하나 때문입니다. 다치는 건 정말 한순간이니까요.

> 김소민

"아프면 학교가 아니라 병원으로 가야 한다."

며칠 전에 다친 것도, 주말 동안 아팠던 것도 꾹 참았다가 보건실에 오는 학생이 많습니다.
아픈 걸 참고 학교에 오는 것은 칭찬받을 일이 아닙니다. 적절한 치료 시기를 놓칠 수 있기 때문에 아프면 바로 병원으로 가야 합니다. 다치면 그 자리에서 바로 치료할 것, 아프면 학교에 오기 전에 병원으로 달려갈 것. 명심하세요!

### 도현미

"뒷모습이 아름다운 사람이 됩시다."

플로깅9) 등의 활동을 굳이 나가지 않더라도 아무렇지 않게 길거리에 쓰레기를 버리고 가는 사람들을 볼 수 있습니다. 내가 머물렀던 책상이나 체육관 자리도 마찬가지입니다. 자리를 떠나기 전, 내가 있었던 자리가 깨끗한지 돌아보고 가는 사람들이 되면 좋겠습니다. 우리 모두 뒷모습이 아름다운 사람이 됩시다.

### 우혜인

"세상은 한 곡의 합창."

세상은 정말 다양한 사람들로 가득합니다. 합창을 들어본 적 있나요? 저마다 다른 음높이의 목소리들이 모여 하나의 아름다운 노래를 만들어냅니다. 높은 소리, 낮은 소리, 그리고 중간의 소리까지 어우러져서 더 풍성한 음악이 되듯, 우리도 서로의 다름을 인정하고 존중할 때 더 행복하게 함께 살아갈 수 있습니다. 누군가 다르다고 느껴질 때마다 그 다름을 기쁘게 맞아주고, 우리 함께 세상을 더 아름답게 만드는 멋진 합창을 만들어가요.

---

9) 달리기를 하면서 쓰레기를 줍는 환경 운동의 하나

> 이고운  "끝날 때까지 끝난 게 아니래."

우리는 늘 작은 것에 일희일비하며 삽니다. 물론 그럴 필요 있지요, 그러니까 사람인걸요?
하지만 너무 슬퍼지는 말았으면 합니다. 1회 고사 망했다고, 수행평가 망했다고 내 인생 망한 거 아니잖아요. 망했다는 느낌이 들 때 거기서부터 시작해도 됩니다. 중요한 건 끝날 때까지 끝난 게 아니라고 믿고 꾸준히 뭔가를 해 나가는 실천력입니다. 끝날 때까지 끝난 게 아닙니다.

> 이슬기  "실패해도 괜찮아."

살다 보면 우리는 누구나 실패를 경험합니다. 시험에서, 인간관계에서, 혹은 간절히 바라던 일들에서 흔히 마주합니다. 마음이 다쳤을 때, 잠시 멈춰서 그 아픔을 천천히 바라보는 시간을 가져보세요. 그 시간이 쌓여 회복탄력성의 힘을 갖게 됩니다. 슬프고 아픈 실패에도 불구하고 계속 나아가며 단단한 걸음을 만들어가기를 늘 응원합니다.

> 이주민  "괜찮아, 별거 아니야."

아이를 키우면서 아이에 대한 이해의 폭이 훨씬 넓어졌습니다. 아이가 어렸을 때는 별거 아닌데 크게 잘못한 것처럼 받아들일 때가 많았습니다. "괜찮아, 별거 아니야." 책에 나오는 것처럼 정석대로 말해줄 수 있었습니다. 아이가 초등학생이 된 지금은 이렇게 말해줍니다. "괜찮아, 네가 배우는 중이니까. 우리는 지금 열심히 노력하는 연습을 하는 거야. 그래서 어른이 되면 열심히 일을 하는 것을 연습하는거야."
인생이라는 긴 마라톤에서 지금은 갓 출발선을 지난 정도일 테니까, "괜찮아, 시간이 흘러서 지나고 보면 다 별거 아니었어."라고 생각하게 될 테니까요.

임유나

"우리의 관계를 발전시키는 질문은 무엇인가요?"

선생님 나이는 100살입니다. 남편이 있는지, 자식이 있는지, 남자친구가 있는지는 여러분의 풍부한 상상으로만 간직하는 게 어떨까요? 당연히 관심 표현인 건 알지만 선생님의 나이, 가족관계, 남자친구 여부와 관련된 질문은 이제 그만! 차라리 "보건 선생님이 가장 좋아하는 급식 메뉴가 뭐예요?" 같은 더 생산적인 질문이 좋겠네요. 답은, 감자 수프와 돈가스입니다. 우리의 관계를 발전시키고 싶다면, "선생님은 어떤 교육 철학을 가지고 계세요?" 같은 깊이 있는 질문을 던져보는 게 어떨까요?

조서윤

"꿈은 이루어진다."

'꿈이 있다.' 그럼, 된 겁니다! 거창한 거 필요 없습니다. 여러분이 하고 싶은 일, 즐거운 일이면 충분합니다. 그리고 그 일을 꾸준히 계속할 수 있다면, 그걸로 이미 성공입니다. 여러분이 꿈꾸는 일은 반드시 현실이 됩니다. 그 작은 마음 하나하나, 그 소중한 열망이 여러분을 다시 일으켜 세워줄 힘이 되어줄 겁니다. 무엇보다 중요한 건 자신을 아끼고, 사랑하는 것. 아프면 안 됩니다. 부디 편안해지기를 바랍니다. 건강하세요!

한지운

"운동 후에 근육통은 자연스러운 거야."

운동 후에 오는 근육통은 자연스러운 것입니다. 운동을 통해 우리 몸의 근육은 미세한 손상을 입게 되고, 이 손상과 회복이 반복되면서 이전보다 더 강한 근육으로 성장하는 거지요. 그러니 운동 후에 아프다고 보건실에 와서 파스를 함부로 남용하지는 말아 줘요. 하루에 두 장까지만 붙일 수 있는 파스도 엄연한 약물이거든요. 마구잡이로 여기저기 붙이는 건 오히려 몸에 좋지 않습니다. 운동 후에 근육통이 있을 땐 스트레칭이나 냉찜질을 해봅시다. 2~3일 정도 지나면 괜찮아질 테니까요. 다만, 며칠이 지나도 통증이 나아지지 않거나 더 심해진다면 부상일 수 있으니 꼭 병원을 찾아야 합니다.

# 감자보건실의
# 꿀팁 노트

**김영미** — 경계 존중 교육의 필요성

초등학교에서 꼭 필요한가? 고민된다고 했던 경계 존중 교육. 고등학생들의 경계 존중 교육 평가서를 보면 이 교육의 필요성을 알 수 있습니다.

- 살면서 꼭 필요한 교육이라고 생각이 돼서 열심히 들었다.
- 이제라도 들어서 다행이라 생각이 들어요.
- 내가 존중받으려면 다른 사람도 존중해야 한다는 걸 알게 됐어요.

**곽효연** — 학생의 건강 상태를 기억하는 힘

나만의 보건실 꿀팁은 '학생의 건강 상태를 기억하는 힘'입니다. 보건일지를 보지 않아도, 학생의 이름보다 먼저 아팠던 증상과 패턴이 떠오릅니다. "그때도 배 아팠지?", "그 약 먹고 괜찮았니?", "오늘 같은 날엔 비염 증상이 더 심하지?" 이렇게 말을 건네면 아이들은 놀라며, 자신의 아픔을 기억해 주는 사람이 있다는 사실에 마음의 안정을 얻는 것 같습니다. 간호사가 환자의 병력을 잘 기억하듯, 보건교사도 학생들의 건강을 마음으로 기억하는 사람이라고 생각합니다. 기억은 학생들에게 '너에게 관심이 있어.'라는 무언의 표현입니다. 애정 어린 그 기억이 보건실을 더 따뜻하고 편안한 공간으로 만들어주며, 학생들을 소중히 마주하는 태도인 것 같습니다.

### 김소민 　약 정리 아주 소소한 팁

　보건실에서 사용하는 약은 종류도, 크기도, 모양도 달라 깔끔하게 정리하는 것이 어렵습니다. 바로 쓰지 않을 약은 잠금장치가 있는 보건실 캐비닛에 종류별로 테트리스 하듯 정리해 둡니다. 유효 기간이 긴 것은 뒤로, 짧은 것은 앞으로 정리해 두면 사용이 쉽습니다.

　문제는 사용 중인 약입니다. 포장지가 뜯겨 이리저리 굴러다니는 약과 연고는 어떻게 정리하면 좋을까요? 특히 연고는 모양과 크기가 제각각이고 한번 오픈하면 유효기간이 6개월 정도로 길지 않아 관리하기도 쉽지 않습니다.

　이럴 땐 연고가 들어 있던 포장지를 이용해 작은 보관함을 만듭니다. 연고가 포장되어 있던 상자 입구를 가위로 적당히 오린 다음 연고를 넣고 세워서 보관합니다. 상품명과 유효기간은 자르지 않고, 연고를 오픈한 날짜는 포장지에 적어둡니다. 이렇게 만든 연고 상자를 작은 정리함 안에 종류별로 모아 드레싱 카트 위에 두면 처치할 때 약 찾기도 좋고 유효 기간 확인도 쉽습니다. 먹는 약은 멀티박스를 활용하고 있습니다. 자주 사용하는 약은 멀티박스에 종류별로 나눠 보관합니다. 팁이라고 하기엔 너무나 소소하지만, 무엇보다 중요한 것은 자신이 사용하기 편한 대로 정리하는 것입니다.

**도현미** **가시 제거 팁**

선인장이 어떤 느낌일지 잡아보는 호기심도 나쁘지 않다고 생각합니다. 그래서 스무 개도 넘는 가시가 박혀오는 어린이들을 위해 나를 훈련합니다. *별거 없음 주의

준비물: 소독솜, 사혈침, 마이크로핀셋, 스탠드(또는 핸드폰 라이트)

순서:

1. 솜으로 가시 주변을 닦는다.
2. 사혈침으로 표피 주위를 살짝씩 긁으면서 가시 위치를 찾는다. (잘 보이지 않는 가시일 경우, 눈으로 확인 가능하다면 생략)
3. 피가 나면 가시가 보이지 않기 때문에 나의 엄지와 검지 손 또는 손톱으로 가시 주위 피부를 꼭 잡는다. (*시야 확보와 피부 상태 준비

가 가장 중요! 나의 손톱자국이 날 수도 있음을 미리 설명)

4. 사혈침으로 가시 입구 부분의 피부를 살짝 뜬다.

5. 마이크로핀셋으로 가시를 꺼낸다.

6. 피가 났다면 밴드 붙이고, 폭풍 칭찬!

**우혜인** **치료가 잘 되었는지 알 수 있는 법**

초등학교 아이들이 치료에 만족했는지는 의외로 금세 알 수 있습니다. 바로 '아이가 문을 나설 때' 드러납니다. 아이들은 감정을 행동으로 솔직하게 표현합니다. 치료가 충분했다면, 돌아갈 때 폴짝폴짝 점프하며 교실로 향합니다. 자신도 모르게 신이 나서 발걸음이 흥겨워지는 것이지요. 그 뒷모습을 보면 '성공'. 마음이 절로 놓입니다.

반대로, 한 걸음 한 걸음 아쉬운 듯 멈칫거리거나 힐끔힐끔 뒤를 돌아본다면, 아직 마음이 덜 괜찮은 경우입니다. 그럴 때는 꼭 다시 묻습니다. "조금 더 누워 있고 싶니?", "계속 아프면 또 와도 돼." 그러면 아이들은 환하게 웃습니다.

아이들의 마음은 말보다 행동에서 먼저 드러납니다. 가끔은 '아프다'는 말보다, 조용히 다가와 기대는 작은 몸짓이 더 많은 이야기를 들려주기도 합니다.

**이고운** **웃얼이 좋다**

학교는 참 좁은 곳입니다. 아니 세상이 참 좁디좁은 곳입니다. (제가 좁게 사는 걸까요?) 돌이켜보면 별것도 아닌 관계와 사건들일지도 모릅니다. 웃는 얼굴, 웃얼이 좋습니다. 너무 찡그리지 맙시다.

**이슬기** **보건실에 자주 오는 아이, 정말 아픈 걸까?**

"선생님, 머리가 너무 아파요.", "속이 안 좋아요, 좀 쉬면 안 될까요?"

보건실을 자주 찾는 아이들이 있습니다. 겉으로 드러나는 증상은 두통, 복통, 피곤함처럼 흔한 이야기지만, 반복된다면 그 이면에 감춰진 '마음의 신호'를 살펴볼 필요가 있습니다. 특정 과목 시간에만 증상이 나타날 때는 수업의 난이도, 교사와의 관계, 학급 분위기에서 오는 스트레스가 원인일 수 있습니다. 쉬는 시간마다 보건실을 찾는다면, 친구 관계에서 소외감이나 갈등을 겪고 있을 가능성도 자리합니다. 관심과 위로가 필요한 신호일 수 있습니다. 신체는 때로 마음의 언어가 되기도 합니다. 증상이 애매하거나 반복될 때는, 조용하고 안전한 공간에서 아이와 천천히 이야기를 나눠보는 것이 좋습니다. 말을 꺼낼 준비가 되지 않은 아이도 '나를 지켜보는 어른이 있구나.' 하는 신뢰를 갖게 됩니다. 짧은 한마디가 아이의 하루를 버티게 해주는 큰 힘이 될 수 있습니다.

**이주민** ( 소소한 밴드 사용 팁 )

　보통은 면봉에 연고를 발라서 상처 부위에 바르고 그 위에 밴드를 붙이는 경우가 많습니다. 그런데 그렇게 하면 연고를 면봉에 묻히는 시간도 들고, 밴드를 붙이는 시간도 듭니다. 밴드에 연고를 발라서 바로 상처 부위에 붙여보세요. 시간이 많이 단축됩니다. 그리고 밴드 포장지는 미리 시간이 날 때 벗겨두는 것이 좋습니다. 아이들이 몰릴 때는 밴드 포장지 뜯는 것도 시간이 드니까요. 큰 상처의 경우 슈퍼포아를 사용합니다. 슈퍼포아 중간을 한 번씩 자른 다음에 상처 부위에 당겨서 붙여주면 좀 더 지속력이 길어지는 장점이 있습니다. 밴드를 잘 떨어지지 않게 붙이는 소소한 팁입니다.

**임유나** ( 행정 업무는 느리게 할수록 좋습니다 )

　보건교사는 완벽함과 신속함을 추구합니다. 기본적으로 사람의 생명을 다루는 태도가 몸에 배어있어서 그런지 작은 실수 하나도 허용하지 않습니다. 그러나 완벽한 인간이 어디 있겠습니까? 완벽을 추구하지만 완벽할 수 없기에 우리는 자괴감으로 몸부림칩니다. 학교는 건강한 학생들이 대부분인 곳이며, 민주 시민을 키우는 공간입니다. 실수는 배움을 위한 과정이며, 이것은 학생들뿐만 아니라 우리에게도 적용됩니다. 그러니 일에 너무 아등바등하지 맙시다. 특히 행정 업무를 처리해야 하는 과정에서 어려움을 겪는다면 다른 이들도 같은 어려움을 느끼고 있을 겁니다. 기다립시다. 행정 업무를 처리하기 위한 다양한 논의를 거친 후, 결국 나에게 필요한 정보가 들어올 겁니다. 물론 모두가 기다리기만 하면 안 된다는 함정이 있긴 합니다.

### 조서윤 — 기록이 답이다

"기록하지 않으면 남는 게 없습니다.", "기록하지 않으면, 누군가 나를 도와주고 싶어도 도와줄 수 없습니다." 시간이 지나면 기억은 흐려지고, 내 편이 되어줄 사람도 점점 멀어질 수 있습니다. 그래서 보건실 안에서 이뤄지는 소소한 모든 일들을 기록으로 남겨두는 것이 무엇보다 중요합니다. 컴퓨터 속 파일은 물론이고, 외장 하드에까지 철저히 백업을 해두세요. 책상 위 메모지, 드레싱 카트 옆의 작은 쪽지, 응급 가방 안의 기록지까지- 보건실의 모든 공간은 곧 기억의 창고가 됩니다. 특히 보건일지는 빠르고 상세하게 작성하는 습관을 들이시고, 학교 안에서 있었던 모든 보건 관련 상황은 공문 등 공식 문서로 반드시 남겨두는 것을 잊지 마세요. 오늘도 보이지 않는 곳에서 묵묵히 아이들의 건강을 지켜내는 고군분투하는 보건교사 여러분을 진심으로 응원합니다. 파이팅입니다!

### 한지윤 — 보건실 침상 안정의 기준

보건실 침상은 단순히 '누워 쉬는 공간'이 아닙니다. 쉬어야 할 몸인지, 회복을 위해 잠시 안정이 필요한 상황인지, 보건교사가 직접 판단하고 결정하는 공간입니다. 그래서 저는 '침상 안정'에 나름의 원칙을 가지고 운영하고 있습니다.

1단계: 약 먹고, 처치할 수 있는 건 다 해본다.
응급 상황을 제외하고 단순한 두통, 복통, 생리통이라면 먼저 간단한 처치부터 합니다. 약을 먹고, 찜질을 하거나, 간단한 스트레칭을 합니다. 대부분 이 단계에서 호전되는 경우가 많습니다.

2단계: 너무 아프면, 다시 오기
"약을 먹어도 약효가 나타나는 데는 시간이 걸려. 그럼에도 너무 아프면 다시 오렴."이라고 말해줍니다. 침상 안정은 1단계 조치에도 불구하고 "그래도 정말 힘들다."라는 아이들을 위한 마지막 단계라고 생각합니다. 정말 힘든 아이들은 2차로 다시 찾아오고, 그럴 땐 침상을 허락합니다. 이 과정을 통해 침상 사용이 '진짜 필요한 경우'임을 아이들도 점차 체득하게 됩니다.

가끔 "교과 선생님께 허락받고 왔는데요." 또는 "담임 선생님이 쉬라고 했어요."라는 말을 하는 아이들이 있습니다. 이럴 때는 꼭 이렇게 해주는 말이 있습니다. "보건실 침상은 교과 선생님이나 담임 선생님 허락으로 쉬는 곳이 아니야. 선생님이 직접 확인하고, 침상 안정이 필요하다고 판단될 때 누워서 쉴 수 있는 거란다."

**에필로그**

# 다시 쓰는 용기

_도현미

"우아! 나만 느낀 게 아니었어?"

이 책을 함께 쓰며 가장 먼저 떠올랐던 말입니다.

누군가의 이야기가 자꾸 내 마음을 닮아 있었고, 익숙한 풍경과 감정들이 문장 곳곳에 스며 있었습니다. 어떤 글은 나도 모르게 웃음을 짓게 했고, 어떤 글은 조용히 마음을 울컥하게 했습니다. 사실 저에게 글쓰기는 꽤 오랜 시간 멀어져 있던 일이었습니다. 어릴 적부터 일기 쓰기를 참 좋아했습니다. 설레고 기쁘고, 속상할 때마다 조용히 일기장 앞에 앉아 하루를 꾹꾹 눌러 적었습니다. 친구들과는 교환 일기를 주고받으며 마음을 나누기도 했지요. 그런데 결혼 후 어느 날, 남편이 제 오래된 일기장을 읽고 가볍게 웃으며 한마디를 건넸습니다. 그 순간, 가장 솔직했던 내 마음이 너무도 가벼워지는 느낌이 들었습니다. 나는 내가 부끄러워졌고, 그 이후로 다시는 아무것도 쓰지 않았습니다. 일기장을 전부 버렸고, 글은 제 삶에서 멀어졌습니다. 그 후로도 마음속엔 늘 무언가 흐르고 있었지만, 꺼내지 않았습니다. 꺼냈다가 또 다치게 될까 봐. 그땐, 내 감정은 혼자만 알고 있어야 안전하다고 믿었습니다.

그러다 오래 알고 지낸 선생님께 연락이 왔습니다.
"우리 같이 글을 써보자."

처음엔 망설였습니다. 다시 내 마음을 꺼내는 일, 그리고 누군가와 나누는 일이 여전히 낯설고 두려웠기 때문입니다. 하지만 신기하게도, 막상 시작하고 나니 마음속 깊은 곳에 눌려 있던 감정들이 하나둘 떠오르기 시작했습니다. 슬픔, 화, 그리움, 그리고 오래 잊고 있던 열정까지. 서툴지만 조심스럽게 꺼내기 시작했습니다. 나의 언어가 나의 마음에 가까워질수록, 무언가가 조금씩 풀리는 느낌이 들었습니다. 그리고 다른 선생님들의 이야기를 읽으며 또 한 번 마음이 움직였습니다. 각자의 자리에서 모두가 치열하게 하루를 살아 내고 있었다는 것. 내가 고민하는 동안, 누군가는 이미 그 길을 걷고 있었고, 또 누군가는 조용히 옆에서 손을 내밀고 있었다는 것을 알게 되었습니다.

이 책은 단지 이야기를 모은 책이 아닙니다. 우리 모두의 마음을 잠시 비춰보고, 조용히 들여다보게 만든 시간입니다. 서로의 문장 안에서 나를 발견하고, 다시 걸어갈 용기를 얻은 따뜻한 기록입니다. 이 책을 읽는 당신도 그렇게 느껴주었기를 바랍니다.

## 작가소개

**김영미**

새로운 변화를 시도하고 설렘의 싹을 틔우는 보건교사.
(강원애니고등학교)

**곽효연**

돌고 돌아 만난 보건교사의 길, 이제는 평생을 함께할 소중한 직업이 되었다. 보건실을 찾아오는 아이들의 에너지 덕분에 매일 출근이 설레는 보건교사.
(춘천고등학교)

### 김소민

언젠가 나비가 될 아이들과 함께 넓은 세상으로 비상하는 꿈을 꾸는 보건교사.

(춘천동원학교)

### 도현미

좋은 어른이 되기 위해 오늘도 용기 한 움큼씩 챙겨 담는 보건교사.

(속초초등학교)

### 우혜인

감자처럼 울퉁불퉁해도, 그저 둥글게 굴러가는 보건실을 꿈꾸는 보건교사.

(원주초등학교)

### 이고운

실수투성이 사건 사고의 일상 속에서 언제나 잔잔한 하루를 소망하는 보건교사.
(양구여자고등학교)

### 이슬기

아이들의 웃음 속에서 따뜻한 위로를 찾으며, 초록처럼 싱그러운 하루를 꿈꾸는 보건교사.
(원주고등학교)

### 이주민

'하하' 웃으며 아이들을 너른 어른의 마음으로 대해주자고 다짐하는 보건교사.
(남원주초등학교)

### 임유나

눈만 마주치면 초능력을 발휘하는 아이들 덕분에 '어떻게 하면 보건실에 덜 오게 할 수 있을까?'를 고민하는 보건교사.
(온정초등학교)

### 조서윤

한평생 흙으로 살 줄 알던 내게 밀랍인 것처럼 불을 켜 주고, 한평생 돌처럼 살 줄 알았던 내게 옥의 무늬를 그어준 내 소중한 보물 같은 아이들과 함께하는 행복한 보건교사.
(남춘천중학교)

### 한지윤

따뜻함을 지향하면서도 때론 단호한, 학생들의 단단한 삶을 응원하는 보건교사.
(치악고등학교)

## 감자보건실의 보물상자

선생님 🐰
저희를 마음으로
낳아주셔서
감사합니다

보건선생님께
항상 아픈 저희를
치료해주셔서
감사합니다.

김영어 ~보건~ 선생님!
항상 챙겨주셔서 감사합니다.
덕분에 행사도 많이하고
학생들이 더 재밌게 학교생활
하는 것 같아요! 감사합니다.

보건쌤만 보고
왔어요 ♡

보건쌤! 제 건강을 지켜
너무 잘 챙겨주셔서
감사합니다. 덕분에
조금더 건강하게
학교생활 할 수 있었던것
같습니다. 항상감사합니다

보건 쌤~
넘 고맙습니다
♡ ♡ ♡

감자보건실, 오늘도 영업 중!

## 보건선생님 편지

-🥔🥔가-
보건선생님! 🥔🥔에요!
🌷 보끄보끄
오늘은 🥔🥔이랑 저가
아픈데도 항상~ 작하
게 말해주셔서 넘넘고맙습니다.

선생님! 우리는 선생님아 보건선생님
중 가장 좋아요 감사해요 🩷
하투 하투 ❤️❤️

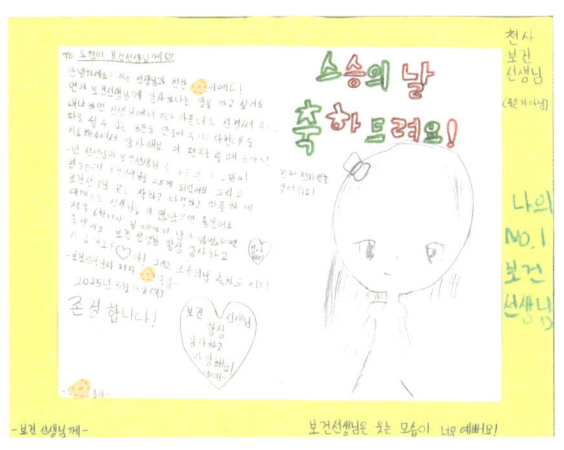

- 보건 선생님께 -  보건선생님은 웃는 모습이 너무 예뻐요!

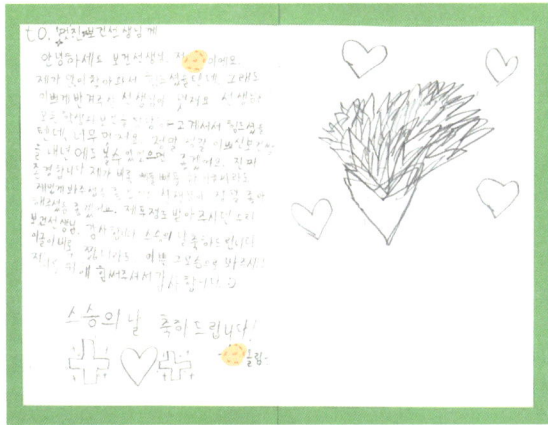

1층의 생명 보건쌤

선생님! 저 항상 들르는 2학년 2반 🥔 에요 ㅎㅎ
아무래도 감사한 선생님은 당연히 보건쌤이 아닐까 싶어요!
작게 다치던 크게 다치던 아파서 보건실에 들르면 "아가"
하며 치료해 주시는 부분이 얼마나 엄마같은 모습인지..
보건실만 가면 안석처에 있는 기분이 들어요. 든든한 보건실과
선생님. 아픈 친구들을 위해 안락한 휴식 공간과 메빵교육들.
저는 작년에 아파서 휴식을 청할 때 침상들 만석이라 선생님
께서 선뜻 휴식공간을 만들어 주시고 수시로 괜찮냐며 물어봐
주셔서 감동 받았습니다. ♡ 언제나 학생들을 반겨주시고
선생님께서 주시는 비타민 언제나 힘이 솟습니다!
남은 개월 잘 부탁드리고 감사해요♡

감자보건실, 오늘도 영업 중!

TO. 보건샘
안녕!하세요.
어 에요.
선생님은 언제나
예쁘고, 귀여워요.
선생님은, 언제나
웃있어도 잘 ♥어
울여요. 선 생님은 최고♥
잘해요. 마지막으로 사랑해요
LOVE —🥔올림—

TO. 보건선생님
다칠때 반창고을
분여 주셔서
감사합니다.
보건 수업 할때가
좋아요.
비처 발리 불
불때는 힘들어지만
놀대는 재밌었어요
🥔올림

TO: 도현미, Hyeonmi,
Thank you for the past
2 years! 나의 친구였고, 내가
당신을 볼 때마다 당신은 나를
더 행복하게 만들어 주었습니다.
당신은 매우 다뜻하고 친절한
사람입니다. 그리고 항상 모든
사람들을 위해 그곳에 있어줘서
고마워요!

I will always remember
your smile! keep smiling
always! I hope I will
see you again
~ 🥔 teacher.

안녕하세요 저는 🥔의 에요 저번에 옷에
국물묻었을때 지워주셔서 개끗 진짜
감사했어요! 지금도 감사해요!
2023. 5.15 —🥔올림—

감자보건실의 보물상자

감자보건실, 오늘도 영업 중!